Biblioteca de Filosofía del Derecho

Carlos Alarcón Cabrera
(Director)

Carlos Antonio Agurto Gonzáles
Sonia Lidia Quequejana Mamani
Benigno Choque Cuenca
(Coordinadores Generales)

FELIX S. COHEN
Profesor de la Yale Law School

EL MÉTODO FUNCIONAL EN EL DERECHO

Edición al cuidado de
CARLOS ANTONIO AGURTO GONZÁLES
SONIA LIDIA QUEQUEJANA MAMANI
BENIGNO CHOQUE CUENCA

Ediciones Olejnik

Título del original en inglés:
Trascendental Nonsense and the Functional Approach
Publicado en la *Columbia Law Review*, vol. XXXV, nº 6, año 1935
Revisión de la tradución. Luis Manuel Marcano

El método funcional en el Derecho

Huérfanos 611, Santiago - Chile
E-mail: contacto@edicionesolejnik.com
Web site: http://www.edicionesolejnik.com

Primera edición: 2018

ISBN: 978-956-392-059-8

Diseño de Carátula: Ena Zuñiga
Diagramación: Luis A. Sierra Cárdenas

Impreso en Argentina 2018 Printed in Argentina

ÍNDICE GENERAL

CAPÍTULO III
LOS USOS DEL MÉTODO FUNCIONAL EN EL DERECHO

PALABRAS PREVIAS DEL TRADUCTOR

Me he tomado la libertad de cambiar el título de este trabajo y quiero justificar porque lo he hecho. Cohen lo publicó en la *Colombia Law Review* (Vol. 35, N° 6, junio de 1935) bajo *el* título *"Trascendental Nonsense and the Functional Approach"* («Sinsentido trascendental *y enfoque* funcional»). Este nombre *parece hecho* de medida *para ahuyentar a* los abogados. Pienso, por mi parte, que *Todos los* abogados debieran leer este trabajo. Tal convicción, que me decidió a traducirlo, me decidió también a cometer la infidelidad arriba *apuntada.*

Cohen formula aquí una certera crítica a los juristas. Todos, en mayor o menor medida, nos hacemos diariamente acreedores a ella. Buena parte de nuestros problemas y de nuestras polémicas se originan en un inadecuado manejo de los conceptos jurídicos. El lenguaje específico del derecho, con su ejército de palabras divorciadas del uso común, puede llegar a ser un obstáculo formidable en el camino de la claridad y aún de la sensatez. Principalmente porque en su uso *primario* esas palabras en cierto modo anómalas se emplean *directamente* para resolver o para encauzar conflictos humanos, cosa que la teoría parece muchas veces olvidar. Ihering fue uno de los primeros en advertir esto y Cohen, con toda justicia, coloca este trabajo bajo la invocación de su ilustre nombre.

Quizás haya en este trabajo afirmaciones demasiado rotundas; quizás el análisis se quede a veces a mitad de camino. Hay que tener en cuenta, empero, que se trata de un trabajo de juventud. Ello explica su lozanía y su irreverencia.

A los estudiosos del derecho nos hace falta oír, de tanto en tanto, voces irreverentes. No es aventurado decir que en ningún otro dominio del saber se experimenta una mayor dosis de solemnidad defensiva, esa solemnidad propia de quien Se siente íntimamente inseguro acerca del significado y valor de lo que está haciendo. Somos propensos a la vacuidad y a la altisonancia. Los trabajos de este tipo constituyen un buen correctivo para esos males.

Agradezco a la Columbia Law Review la autorización para traducir y publicar este ensayo.

Buenos Aires, diciembre de 1961.

GENARO R. GARRIÓ

PRÓLOGO

Al tratar sobre el estudio del derecho norteamericano, de varios abogados y juristas que podamos conocer del siglo XX, no podemos dejar de lado al reconocido abogado y académico FÉLIX SOLOMON COHEN (1907-1953), quien dejó una huella permanente, no solo por sus estudios y aportes a la ciencia jurídica norteamericana, sino también por estudiar a plenitud la filosofía y fundamentar de manera organizada nuevas propuestas para la política federal india.

De los escritos que dejó Cohen, como legado jurídico, destacamos la presente obra, cuyo título en el original inglés es *Trascendental Nonsense and the Functional Approach,* el cual, podemos traducir como «Sinsentido trascendental y enfoque funcional», el cual, según el comentario del traductor de esta obra (GENARO GARRIÓ), nos dice que «este nombre parece hecho de medida para ahuyentar a los abogados». Pareciera, como si desde ya nos advierte que la obra tendrá un desarrollo algo tedioso de entender para algunos, pero por otra parte, la obra estaría redactada de manera explícita y concisa por COHEN para que los jueces y abogados mejoren su labor y actividad jurídica. Pero ¿por qué COHEN nos dejaría una obra dedicada a tratar el método funcional para el derecho? Antes de comentar ciertos aspectos elementales de la obra, debemos empezar por saber quién fue el autor.

1. El autor en su tiempo

FÉLIX SOLOMON COHEN, vio la luz en Manhattan (Nueva York, U.S.A.), pero creció en Yonkers. Estudió en el College de Nueva York, pero más adelante recibiría un M.A. (1927) y un Ph. D. en Filosofía, en la Universidad de Harvard (1929). Sin embargo, COHEN empezó a interesarse por los problemas de la justicia en su país y en el año 1928, ingresaría a la Facultad de Columbia, graduándose de manera destacada en el año 1931. Trabajó como editor de libros en la Columbia Law Review. También trabajó junto a Herbert Wechsler.

Una vez que empezó a interesarse por los problemas jurídicos que se suscitaban en la legislación norteamericana, comenzó a indagar e investigar con mayor rigurosidad, las teorías jurídicas planteadas en su época, destacando entre todas ellas, la figura del realismo jurídico. Pero ¿En qué consistía el realismo jurídico que influenció a Cohen para poder elaborar su obra? El realismo jurídico, no es más que un ordenamiento legalista, el cual desafió la ideología que concebían algunos abogados formalistas sobre los principios jurídicos, los cuales podían diferenciarse de aquellos que elevaban al derecho solo a los planos abstractos, separándolos de la aplicación e interpretación jurídica que podían tener en la sociedad. Por su parte, Cohen alcanzó su mayor contribución con el debate sobre su *Transcendental Nonsense and the Functional Approach* que llegó a publicarse en la *Columbia Law Review* (1935), el mismo que sigue siendo uno de los artículos jurídicos más revisados y citados jamás escritos.

Por otra parte, el comité administrativo del *New Deal* de Franklin Roosevelt, consiguió que Cohen pasara del estudio académico al servicio público. De este modo, Cohen llegó a trabajar en la *Solicitor's Office* del Departamento del interior de los Estados Unidos, desde 1933 hasta 1947. Fue así como Cohen llegó a ser el principal arquitecto legal del *New Deal Indio*, una política federal que ofrecía buscar el fortalecimiento de los gobiernos tribales, con la finalidad de reducir el dominio federal de las tribus indias. Como redactor, Cohen se encargó de la legislación central de la época, la misma que trataba sobre la *Ley de reorganización indígena* de 1934. Cuando Cohen empezó a investigar sobre la ley india, no estuvo solo, su esposa[1] le asistió.

---

1 Lucy Kramer Cohen (1907-2007). La esposa de Cohen estudió matemáticas y antropología en el Barnard College (1920), donde obtuvo su maestría en matemáticas en la Universidad de Columbia. Debido a sus antecedentes como antropóloga, economista y estadística, llegó a trabajar para el profesor antropólogo Franz Boas. Ver Cohen, Felix S. (1942). *Handbook of federal Indian law: with reference tables and index*. Washington, D.C.: GPO. LCCN 42038386.

Durante el año 1939, FÉLIX COHEN llegaría a ser jefe de la *Indian Law Survey*, donde se encargó de compilar las leyes federales y los tratados que tenían contenido con los indios americanos. Como resultado de esta investigación y compilación, el libro fue publicado en el año 1941, como *The Handbook of Federal Indian Law*, el cual llegó a convertirse en una obra bastante prometedora. Este texto, fue el primero en demostrar como cientos de años en los que se redactaron diversos tratados, estatutos y decisiones, llegaron a formar un todo integral que serviría como contribución al aporte legislativo indio que COHEN pretendía dejar, razón por la cual, actualmente, se le atribuye a COHEN como el creador del campo moderno de la Ley Federal India.

Pese a que en sus inicios, este tratado empezó como un proyecto conjunto, entre el Departamento del Interior de los Estados Unidos y el Departamento de Justicia, se despidió a COHEN del proyecto, dado por terminada la investigación y compilación. Sin embargo, nunca fueron claras las acciones que se tomaron para el despido de COHEN. Por su parte, COHEN parecía simpatizar y creer que el antisemitismo estaba en tela de juicio, pero también existieron algunas otras diferencias de ideas entre Cohen y los supervisores del departamento de Justicia[2], ya que estos pudieron haber estado preocupados por la publicación del libro, el mismo que podría ser como un arma poderosa para que las tribus indias pudieran sacar cierta ventaja en hacer prevalecer (a modo de imposición) sus derechos.

Sin embargo, pese a todo, el libro llegó a ser publicado, solo con el apoyo del departamento interior, logrando que COHEN recibiera por este trabajo, el premio de Servicio Distinguido en el año 1948. Ya en 1971, la Universidad de Nuevo México, publicaría la obra de COHEN, las mismas que tuvieron versiones actualizadas en los años 1982 y 2005.

Pero como todo llega a su fin, COHEN dejaría el servicio público en el año 1947, luego que la política federal cambió el apoyo a los gobiernos tribales, porque tenían pensado poner fin al estado tribal. Posteriormente, ingresaría a la *Yale Law School, The City College de*

2 COHEN, FELIX S. (1933). *Ethical systems and legal ideals: an essay on the foundations of legal criticism (Reprint ed.)*. Westport, Conn.: Greenwood Press. LCCN 75040440.

Nueva York y Rutgers Law School donde enseñaría filosofía del derecho. En el año 1951, Cohen iba a publicar junto a su padre Morris R. Cohen, la obra *Readings in Jurisprudence and Legal Philosophy*.

En cuanto al ejercicio de la carrera como abogado, Cohen litigaba y llevaba casos sobre las tierras indias, ganando así, el derecho a votar por indios estadounidenses en Nuevo México y Arizona, buscando siempre obtener los beneficios y la seguridad social para los indios. Debido a su trabajo, siguió escribiendo y defendiendo la Ley Federal India, logrando publicar *The Erosion of Indian Rights 1950-1953: A Case Study in Bureaucracy, 62 Yale L. J. 348 (1952–53)*, poco antes de su muerte.

Esto hizo que Cohen se convirtiera en un acérrimo luchador comprometido contra las diversas formas de opresión que existían, con la finalidad de garantizar los derechos de los inmigrantes y las minorías étnicas. Dejó también escrito, algunos artículos en el *The Legal Conscience: Selected Papers de Felix S. Cohen*, que fue editado y ensamblado por su viuda Lucy Kramer Cohen en 1960[3].

Félix Solomon Cohen muere un 19 de Octubre del año 1953 a la edad de 46 años.

2. Sobre el método funcional del derecho

La presente obra de Cohen está elaborada en tres capítulos. El primer capítulo trata sobre el paraíso de los conceptos jurídicos donde empieza mencionando el famoso «paraíso jurídico» en la obra de Rudolph Von Ihering *(Im jurisüchen Begnffshimmel)*, ya que a lo largo de su obra, Cohen trabajará explicando y dándonos su definición sobre la teoría del derecho y sus conceptos «abstractos» de los que los abogados y los jueces deben aplicar, pero con los pies bien puestos sobre la tierra. Cohen desea que el sueño de Ihering sea tomado en un modo realista, sociológico y funcional, que deje el criterio jurídico subjetivo y empiece a tomarse consciencia de la necesidad imperiosa que tiene el derecho, al momento de resolver los más difíciles casos en los tribunales. Para lograr esto, nos empezará definiendo lo que entiende por «persona jurídica», logrando evaluar las sentencias firmes y soluciones que los tribunales (como el caso

---

3 Cohen, Felix S. (1960). *The legal conscience, selected papers*. Edited by Lucy Kramer Cohen. Foreword by Felix Frankfurter. Introd. by Eugene V. Rostow. New Haven, Conn.: Yale University Press. LCCN 60014249.

del tribunal de apelaciones que menciona) debe alcanzar, logrando resolver, todo conflicto que se pueda dar entre persona jurídica y Estado, de la mejor manera, puesto que los tribunales, al momento de sentenciar, deberán optar por razonamientos relevantes, pertinentes y eficaces. Para Cohen, uno de los problemas por parte de los críticos del derecho hacia los tribunales, es el problema del lenguaje muy oscuro, técnico o ambiguo que emplean. Para esto, nos habla sobre el lenguaje «sinsentido» que se tiene en el derecho, pues aunque los jueces y abogados no estén preparados para ser científicos del derecho, deben reconocer que muchas veces, el lenguaje tradicional que se emplean en los alegatos y los votos no explica, ni justifica las decisiones de los tribunales. Luego, Cohen nos explica las razones por las cuales el derecho, en los Estados Unidos, trata a las figuras de la persona jurídica, como también lo relevante que es el nombre comercial y los argumentos que se debería aplicar para obtener una mejor propaganda o la calidad del producto por parte de los consumidores, respondiendo estos favorablemente, cuando ya encuentra el símbolo particular con el cual identifican el producto y dan valor a la «cosa» o propiedad del mismo, para lo cual, coloca como ejemplo, algunos casos ocurridos en su país.

Por otra parte, Cohen trata un tema que, por más que esté explicando cómo funciona el razonamiento jurídico respecto al debido proceso legal *(due process of law)*, contempla cuán importante pueden ser las resoluciones judiciales y la legislación que debe aplicarse dentro del marco del debido proceso en los Estados Unidos, donde las leyes deben ser aplicadas por hombres de derecho racionales, para lo cual, también nos explica mediante un caso, la aplicación de la justicia por parte de los tribunales. Cohen también empieza a tratar sobre la naturaleza del «sinsentido jurídico» para lo cual, emplea algunos términos jurídicos que denomina palabras mágicas de la teoría jurídica tradicional, argumentando que los razonamientos jurídicos expresados mediante esos términos son circulares, ya que los abogados son «expertos» para pronunciar o emitir proposiciones mediante las cuales hacen dormir a los hombres, olvidándose que el empleo de las palabras deben aclarar los asuntos jurídicos y no confundir o crear obstrucciones en el acceso a la comprensión del conocimiento jurídico.

En el capítulo dos, Cohen empieza a introducirnos al tema del método funcional y comienza a preocuparse en el modo a través del cual se va a reemplazar la clásica teoría jurídica de conceptos por una versión realista, racional y científica de los acontecimientos jurídicos. En este capítulo, se podrá notar como los conocimientos de Cohen, no solo se vinculan al ámbito jurídico, sino también a la filosofía, la lógica y las matemáticas, incluso, sostiene que el enfoque funcional del derecho, debe contribuir y ser similar, al método funcional que ha logrado la ciencia y la filosofía. Es aquí, donde critica a los conceptos sobrenaturales jurídicos dado que los términos que el derecho debería emplear no tendrían que ser tan confusos ni ambiguos, ya que de ser así, solamente se lograría ocasionar más problemas desprovistos de sentido. Cohen sostiene que se debería redefinir los conceptos empleados en el derecho logrando el aspecto positivo del método funcional y no el aspecto negativo, con el cual se generan las controversias y polémicas en el progreso del conocimiento jurídico. Si el abogado o juez desea conocer los nuevos términos jurídicos, debería empezar por revisar el trabajo de Holmes, el cual introdujo a la ciencia del derecho, términos como: derecho subjetivo, deber, contrato, derecho, etc. Basándose en este trabajo elaborado por Holmes, se hace un análisis de los conceptos jurídicos aplicados a las fuentes de la lógica neo-realista, las cuales ayudarían a obtener claridad en los conceptos jurídicos y ayudar a las decisiones que establezcan los jueces. El rumbo que Cohen piensa otorgarle al realismo jurídico, está enfocado en la línea de la investigación jurídica, logrando también estudiar y analizar aspectos sociológicos y teóricos del derecho que puedan ayudar y servir como herramientas a los magistrados y abogados que logren familiarizarse con los términos jurídicos más sencillos, logrando involucrar algunas nuevas reglas en las decisiones judiciales, con el fin de describir y asumir la importancia y la rigurosidad que este estudio comprende.

Por último, en el capítulo tres, Cohen nos explica cómo aplicar (usar) el método funcional en el derecho, para lo cual empieza por darnos una definición; también nos explica sobre la naturaleza de las reglas y conceptos jurídicos; nos da pautas sobre la teoría de las decisiones jurídicas, tratando los postulados de Hobbes, a quien llama el abuelo de la teoría jurídica realista y a Coke, cuya teoría fue que el derecho debe buscar siempre la perfección de la razón; por último, Cohen nos expresa la crítica jurídica sobre la cual versa el enfoque funcional y la teoría jurídica tradicional, dándonos a entender que lo importante en la crítica jurídica, tiene que ver con la descripción clara y objetiva de la conducta judicial, sus causas y consecuencias.

Esta es la razón, por la cual se invita al abogado y juez, leer esta obra, mediante la cual podrá entender la concepción jurídica realista, partiendo desde la crítica selectiva de los términos, conceptos y teorías del derecho que resalten el valor temporal de las normas, la descripción objetiva de las decisiones judiciales y la lealtad que el investigador jurídico debe poseer al momento de abordar los conocimientos que la filosofía positivista del derecho y la filosofía jurídica contemporánea norteamericana presentan ciertas dificultades al momento de establecer las normas.

Obras

Cohen, Félix S. (1942). *Handbook of federal Indian law: with reference tables and index.* Washington, D.C.: GPO. LCCN 42038386.

Cohen, Félix S. (1933). *Ethical systems and legal ideals: an essay on the foundations of legal criticism (Reprint ed.).* Westport, Conn.: Greenwood Press. LCCN 75040440.

Cohen, Félix S. (1960). *The legal conscience, selected papers. Edited by Lucy Kramer Cohen.* Foreword by Felix Frankfurter. Introd. by Eugene V. Rostow. New Haven, Conn.: Yale University Press. LCCN 60014249.

David Efraín Misari Torpoco*

* Abogado, conferencista, latinista, romanista, bibliófilo, escritor y filósofo peruano. Egresado en Derecho por la Universidad Inca Garcilaso de la Vega y titulado en la UAP. Investigador jurídico y docente de Teoría General del Derecho, Redacción Jurídica, Filosofía del Derecho, Derecho Romano y Latín Jurídico en la Escuela Iberoamericana de Postgrado y Educación Continua (ESIPEC). Director del área de Filosofía del Derecho y Derecho Romano del Centro de Investigaciones Jurídico-Humanista y Social *Philos Iuris.* Cursó estudios especializados de Filosofía en la UARM y sobre Historia y Filosofía de la Religión en la FTPCL. Es autor de las publicaciones *El Abc del Derecho: Latín jurídico* (Egacal, 2011); *Paremias Filosóficas* (2013); *Teoría General del Derecho: Manual Práctico* (2013); *Latín Jurídico: Aplicación Práctica* (ESIPEC, 2016) y Co-autor del texto *Redacción Jurídica* (ESIPEC 2015) y de *Oratoria Forense y Redacción Jurídica* (Egacal, 2010).

CAPÍTULO I

EL PARAÍSO DE LOS CONCEPTOS JURÍDICOS

Hace cincuenta años un gran jurista alemán tuvo un curioso sueño. Soñó que había muerto y que era conducido a un paraíso especial reservado para los teóricos del Derecho. En este paraíso uno se encontraba, cara a cara, con los numerosos conceptos de la teoría jurídica en su absoluta pureza, liberados de toda concomitancia con la vida humana. Aquí se hallaban los espíritus incorpóreos de la buena y de la mala fe, de la propiedad, de la posesión, de la negligencia, y de los derechos *in rem*. Aquí se hallaban todos los instrumentos lógicos necesarios para manipular y transformar estos conceptos jurídicos y, mediante ello, crear y resolver los más hermosos problemas del derecho. Aquí se encontraba una prensa hidráulica dialéctica para la interpretación, que podía extraer a presión un ilimitado número de significados de cualquier texto o ley; un aparato para construir ficciones, y una máquina de partir cabellos que podía partir un solo cabello en 999.999 partes iguales y, si era manejada por los juristas más expertos, podía dividir cada una de estas partes, nuevamente, en 999.999 partes iguales. Las ilimitadas oportunidades de este paraíso de conceptos jurídicos estaban abiertas a todos los juristas propiamente calificados, siempre que los mismos bebieran el líquido léteo que provoca el olvido de todos los asuntos terrenos de los hombres. Pero para los juristas más expertos el líquido léteo era enteramente superfluo. Ellos nada tenían que olvidar[1].

---

1 VON JHERING, «Im jurisüchen Begnffshimmel», en *In Scherz und Ernst in der Jurisprudenz* (11ª edición, 1912, pág. 245).

El sueño de von Jhering ha sido narrado de nuevo, en época reciente, en las capillas de la teoría jurídica sociológica, funcional, institucional, científica, experimental, realista y neorrealista. Se ha formulado la pregunta: «¿En qué medida el pensamiento jurídico contemporáneo se mueve en el éter puro del paraíso de los conceptos jurídicos de von Jhering?» Para obtener una respuesta tenemos que dirigir la mirada a nuestros principales libros de texto jurídicos y a las opiniones de los tribunales. Que la sombra de von Jhering sea nuestra guía.

1. ¿Dónde está una persona jurídica?

Comencemos nuestra investigación observando cómo un tribunal excepcionalmente capaz trata un típico problema de procedimientos, En el caso *"Tanza vs. Susquehanna Coal Co.»*[2], una persona jurídica que había obtenido personería en el estado de Pennsylvania fue demandada en Nueva York. La demanda fue notificada a un órgano de la persona jurídica en Nueva York, de acuerdo con las formas prescriptas por la ley de este último estado. La persona jurídica objetó que *no podía* ser demandada en Nueva York. El Tribunal de Apelaciones de Nueva York no aceptó este punto de vista y resolvió que la persona jurídica podía ser demandada en ese estado. Lo que interesa para nuestros propósitos no es tanto la decisión particular del Tribunal, como el modo de razonar mediante el cual se llegó a dicha decisión.

El problema que enfrentó el Tribunal de Apelaciones era puramente práctico. Si una legislatura capaz hubiera considerado el problema de determinar cuándo una persona jurídica con personería otorgada en otro estado debía quedar sometida a juicio, probablemente habría realizado alguna investigación de hecho en torno a la práctica que siguen las personas jurídicas modernas al elegir la autoridad pública[3] y en tomo al significado efectivo de las relaciones entre la entidad y el Estado en el cual obtiene personería. La legislatura habría considerado las dificultades que los damnificados por las personas

2 220 N. Y., 259, 115 N. E., 915 (1917).

3 Véase BERLE, «Investors and the revised Delaware Corporation Act», *Columbia Law Review*, t. 29, pág. 563 (1929); Ripley *«Main Stret and Wall Street»* (1927).

jurídicas pueden hallar si se los obliga a iniciar juicio contra éstas en el Estado otorgante de la personería. Contra tales dificultades, habría balanceado la injusticia que para las personas jurídicas puede significar tener que defenderse de acciones iniciadas en muchos Estados, considerando las facilidades jurídicas disponibles para las entidades demandadas. Sobre la base de los *hechos* revelados por tal investigación, y sobre la base de ciertos *juicios de valor* políticos o éticos relativos a la conveniencia de colocar cargas financieras sobre las personas colectivas, una legislatura capaz habría intentado formular alguna regla para determinar cuándo una persona jurídica con personería otorgada por otro Estado debe quedar sometida a juicio.

El Tribunal de Apelaciones alcanzó su decisión sin considerar explícitamente ninguno de estos temas. No consta que se haya ofrecido al Tribunal prueba científica de alguna de estas cuestiones. En lugar de dirigir su atención a tales cuestiones de naturaleza económica, social, política o ética, como habría hecho una legislatura competente, el Tribunal dirigió su atención a la pregunta: «¿Dónde está una persona jurídica ?» ¿Se hallaba esta persona jurídica *realmente* en Pensylvania, o estaba en Nueva York, o podía estar en ambos lugares a la vez?

Claramente la cuestión de *donde está una persona jurídica,* cuando se le ha otorgado personería en un Estado y tiene representantes celebrando negocios de la entidad en otro, no es una cuestión que pueda ser contestada mediante observación empírica. Ni es un problema cuya solución exija ningún análisis de consideraciones políticas o ideales, sociales. Es, en verdad, una cuestión idéntica en *status* metafísico a aquella que los teólogos escolásticos se supone que discutieron largamente: Cuántos ángeles pueden pararse en la punta de una aguja?» La verdad es que es en extremo dudoso que alguno de los escolásticos haya discutido efectivamente tal problema[4], Con todo, el mismo ha llegado a ser, para nosotros, símbolo de una época en la cual el pensamiento sin raíces en la realidad era objeto de alta estima.

---

[4] Varios estudiosos de la filosofía escolástica me informan que nunca han hallado prueba más verosímil de tal discusión que el testimonio de oídas de Rabelais.

¿Serán los historiadores futuros más caritativos con preguntas tales como «dónde está una persona jurídica»? Nadie ha visto jamás una persona jurídica. ¿Qué derecho tenemos a creer en personas jurídicas si no creemos en ángeles? A decir verdad algunos de nosotros hemos visto fondos de personas jurídicas, transacciones de personas jurídicas, etc. (del mismo modo que algunos de nosotros hemos visto hechos angelicados, rostros angelicales, etc.). Pero esto no nos da derecho a hipostatizar, a dosificar», la persona jurídica y a dar por sentado que viaja de Estado en Estado como viajan los hombres mortales. Por cierto que estamos haciendo méritos para llegar a ser residentes del paraíso de conceptos jurídicos de von Jhering cuando enfocamos un problema jurídico en estos términos esencialmente sobrenaturales.

Sin embargo, es exactamente en estos términos de sinsentido trascendental que el Tribunal de Apelaciones enfocó el problema de si la Susquehanna Coal Company podía ser demandada en el Estado de Nueva York. Dijo el juez Cardozo emitiendo la opinión del Tribunal, que fue unánime: «El punto esencial es que la persona jurídica haya venido al Estado[5].» No se nos informa por qué este viaje es *esencial* o cómo es *posible*. El voto hace notar que la entidad tiene una oficina en el estado con ocho vendedores y once escritorios, y llega a la conclusión de que la persona jurídica está realmente «en» el Estado de Nueva York. De esta inferencia se sigue fácilmente que dado que una persona que está en Nueva York puede ser demandada aquí, y puesto que una persona jurídica es una persona, la Susquehanna Coal Co. puede estar sometida a juicio en un tribunal de Nueva York.

El mismo tipo de razonamiento puede ser utilizado por el mismo tribunal para demostrar que la Dodge Bros. Motor Corporation Co. «no puede» ser demandada en Nueva York porque la persona jurídica (a diferencia de su plana de empleados y agentes en Nueva York) no está «en» Nueva York[6].

Por extraña que esta forma de razonar parezca a los legos, los abogados, entrenados por largas prácticas en creer lo que es imposi-

---

[5] Véase 220 N. Y., en la pág. 268 y 115 N. E., en la pág. 918.
[6] HOLZER v. DODGE BROS. Motor Corp., 223 N. Y. 216, 135 N. E. 268 (1922).

ble[7], aceptarán este razonamiento como relevante, pertinente y eficaz. En verdad, incluso el gran protagonista de la teoría jurídica sociológica, el *Justice* Brandeis, Ha invocado este enfoque sobrenatural del problema de las acciones contra personas jurídicas con autorización emanada de otro Estado, sin evidenciar duda alguna respecto de la referencia fáctica de la pregunta «¿Dónde está una persona jurídica?». Así, en el *leading case "Bank of America vs. Whitney Central National Bank»*[8], la Corte Suprema de los Estados Unidos consideró el problema de si un banco con personería jurídica otorgada en Luisiana podía ser demandado en Nueva York, donde había llevado a cabo numerosas transacciones financieras y donde había sido notificado su presidente, pero donde no tenía ningún escritorio. La Corte Suprema decidió que aunque la demandada «tenía lo que en términos corrientes podía ser denominado un gran negocio en Nueva York», la acción no podía mantenerse, y por boca de Brandéis ofreció la justificación de esta curiosa conclusión[9]:

> «La jurisdicción respecto de personas jurídicas con autorización emanada de otro Estado, a falta de requisitos legales o de consentimiento expreso, no descansa sobre una ficción de presencia supuesta por la ley, como *qui facit per alium facit per se*. Fluye del hecho de que la persona jurídica misma realiza negocios en el Estado o distrito de tal modo y con tal extensión que su presencia efectiva allí es establecida. Resulta claro que la demandada no estaba en Nueva York y que por lo tanto no fue encontrada dentro del distrito.»

Por supuesto sería capcioso criticar a los tribunales por emitir opiniones en el lenguaje del sinsentido trascendental. Los lógicos hablan a veces como si la única función del lenguaje fuera trasmitir ideas.

---

7 —¡No puedo creer eso! —dijo Alicia.
—¿No puedes? —dijo la Reina, con un tono de lástima—. Trata de nuevo: haz una larga inspiración y cierra los ojos,
¡Alicia rió.
—No tiene sentido tratar —dijo—, no se puede creer en cosas imposibles.
—Me atrevería a decir que no has tenido mucha práctica —respondió la Reina—. Cuando tenía tu edad lo hacía siempre durante media hora por día. Pues, algunas veces he llegado a creer hasta en seis cosas imposibles antes del desayuno. (Lewis Carroll, *Througk the looking glass*, cap. 5.)

8 261 U. S. 171 (1923).

9 Idem, pág. 173.

Pero los antropólogos saben más y nos aseguran que «el lenguaje es primariamente una función pre-racional»[10]. Ciertas palabras y frases son útiles para liberar emociones contenidas, o para hacer dormir a los niños, o para provocar ciertas emociones y actitudes en un auditorio político o forense. El Derecho no es una ciencia sino una actividad práctica, y los mitos pueden impresionar la imaginación y la memoria en casos en que un discurso más exacto dejaría fríos los espíritus.

Valioso como es el lenguaje del sinsentido trascendental para muchos propósitos jurídicos prácticos, es enteramente inútil cuando se trata de estudiar, describir, predecir y criticar fenómenos jurídicos. Y aunque los jueces y los abogados no tienen por qué ser científicos del derecho, es de alguna importancia práctica que ellos reconozcan que el lenguaje tradicional empleado en los alegatos y en los votos no explica ni justifica las decisiones de los tribunales. Cuando las vividas ficciones y metáforas de la teoría jurídica tradicional son concebidas como razones para las decisiones, más que como artificios poéticos o mnemotécnicos para expresar decisiones alcanzadas sobre otras bases, entonces tanto el autor como el lector del voto o del alegato pueden llegar a olvidar las fuerzas sociales que moldean el derecho y los ideales sociales por cuyo medio el derecho ha de ser juzgado. Es así que los jueces más inteligentes de los Estados Unidos pueden lidiar con un problema práctico y concreto de derecho procesal y de responsabilidad de las personas jurídicas, sin ninguna apreciación de las cuestiones económicas, sociales y éticas que el problema implica.

2. ¿Cuándo hay una persona jurídica?

El campo del derecho de las personas jurídicas ofrece muchos ejemplos iluminadores del tradicional enfoque sobrenatural de los problemas jurídicos prácticos. En el famoso caso *"Coronado"*[11] la Suprema Corte de los Estados Unidos debió determinar si los empleadores

---

[10] SAPIR, *Language* (1921), pág. 14.

[11] United Mine Workers of America v. Coronado Coal Co., 259 U. S. 344 (1922). En el equivalente inglés de este caso, Taff-Vale Ry. Co. v. Amalg. Soc. of Raihvay Servants (1901) *A.* C. 426, se llegó a una decisión similar, sobre la base de similares fundamento? trascendentales, pero ello fue enseguida dejado a un lado mediante una ley especial. Véase WEBB, *History of Trode Unionism* (Ed. rev. 1920), págs. 600 y sigts.

que habían sufrido perjuicios a raíz de una huelga podían obtener sentencia contra un sindicato que había «estimulado» la medida, o si la acción para el cobro de los daños solamente podía dirigirse contra los individuos particulares acusados de cometerlos o de inducir a su comisión. Según resulta de la publicación del caso, el abogado del sindicato demandado no intentó acreditar que los sindicatos laborales sufrirían un serio impedimento si se impusiera sobre ellos responsabilidades financieras por daños causados en huelgas; que les sería imposible a aquellos controlar a los *agerns provocateurs*, y que los sindicatos desempeñan un papel muy importante en la moderna sociedad industrial, papel que podría ser seriamente puesto en peligro por el tipo de responsabilidad en cuestión. En lugar de brindar esta línea de argumentación en apoyo de la pretensión del sindicato a la inmunidad jurídica por los delitos civiles de sus miembros, el abogado del sindicato formuló el argumento metafísico de que un sindicato laboral, siendo una asociación sin personería jurídica, no es una persona, y, en consecuencia, no puede quedar sometido a responsabilidad extracontractual. Este es un argumento muy antiguo y muy respetable en derecho procesal. El Papa Inocencio IV lo usó a mediados del siglo xiii para probar que los tesoros de las congregaciones religiosas no podían quedar sometidos a responsabilidad extra-contractual[12]. Infortunadamente, el argumento de que un sindicato laboral no es una persona, es uno de esos argumentos que sólo continúan siendo verdaderos mientras se cree en ellos[13]. Cuando el tribunal rechazó el argumento y sostuvo que el sindicato era responsable, éste se transformó en una persona —en la medida en que es demandable como entidad jurídica— y el argumento dejó de ser verdadero.

La Suprema Corte sostuvo que «un sindicato puede ser demandado porque es, en aspectos esenciales, una persona, una cuasi-persona jurídica». Los realistas dirían «que un sindicato es una persona

---

12 Cf. DEWEY, «Corporate Personality, en *Philosophy and Civilization* (1931), p. 154; y véase GIERKE, *Das deutsche Genossenschaftrecht*, ps. 279-285; cf. HOLDSWORTH, *History of English taw* (3ª edición, 1923), páginas 470-74.

13 Compárese con el caso de la «Wild Modesty», una flor que se encuentra en ciertas islas de los Mares del Sud, que es realmente blanca, pero que se vuelve roja cuando alguien la mira (según informa TRAPROCK en *The Cruise of the Kawa*, 1921, pág. 10).

o una cuasi-persona jurídica». Los realistas dirán que llamar a algo 'persona' en derecho es simplemente afirmar, en lenguaje metafórico, que puede ser demandado».

Hay una significativa diferencia entre estos dos modos de describir la situación. Si decimos que un tribunal actúa de cierta manera «porque un sindicato es una persona», *parecemos justificar la acción del tribunal,* y justificar esa acción, además, en términos trascendentales, afirmando algo que suena como una proposición pero que *no puede ser confirmado o refutado por prueba positiva o por razones éticas.* Si, por otra parte, decimos que un sindicato es una persona «porque los tribunales admiten que sea demandado», reconocemos que la acción de los tribunales no está aún justificada, y que para determinar si la acción de los tribunales es justificable, hay que dar una respuesta en términos no jurídicos. Justificar o criticar reglas jurídicas en términos puramente jurídicos es siempre razonar en un círculo vicioso[14].

3. ¿Qué hay en un nombre comercial?

El divorcio entre el razonamiento jurídico y las cuestiones de hecho sociales y los valores éticos, no es un producto de ficciones jurídicas heredadas de épocas más oscuras. Aún en los más modernos campos del desarrollo jurídico se halla el pensamiento de los tribunales y de los *scholars* balanceándose en ciclos y epiciclos sin llegar a afirmarse en la tierra firme de los hechos verificables. Los desarrollos modernos en la regulación de la competencia desleal ofrecen muchos ejemplos de tal razonamiento circulan

Hace algún tiempo imperaba la teoría de que el derecho de las marcas de fábrica *(trade marks)* y nombres comerciales (*trade names*) era un intento de proteger al consumidor contra la venta de mercaderías inferiores bajo rótulos equívocos[15]. Crecientemente los tribunales se han apartado de tal teoría y han llegado a considerar a esta rama del derecho como una protección de derechos de propiedad sobre

---

[14] Cf. Roguin, *La regle du droit* (1889); «Nada es más engañoso que creer que se puede explicar el derecho por medio del derecho mismo».

[15] Véase Nims, *Unfair competition and trade- marks* (3ª edición, 1929), parág. 8, y casos allí citados.

diversos métodos o fórmulas de venta dotados de valor económico[16]. En la práctica se acuerda hoy protección por *injunction* en zonas donde no existe peligro efectivo de confusión para el consumidor, y esta extensión ha sido sostenida vigorosamente y estimulada por importantes autores en este campo[17]. Es concebible que esta extensión podría ser justificada mediante una demostración de que los métodos o fórmulas de venta controlados privadamente sirven como una base psicológica para el poder de los monopolios comerciales o industriales, y que tales monopolios son socialmente valiosos en la moderna civilización. Pero esta línea de argumentación no ha sido jamás expuesta por los tribunales o por los *scholars* que abogan por una creciente protección jurídica de los *trade names* y métodos semejantes. Porque si formularan tal argumento podría parecer que están tomando partido en controvertidas cuestiones de política y de economía. Los tribunales y los *scholars* en consecuencia, han buscado refugio en un círculo vicioso al cual obviamente no tienen ingreso hechos extrajurídicos. El argumento jurídico en boga dice así: Aquél que mediante la inventiva de su propaganda o la calidad de su producto ha obtenido que los consumidores respondan favorablemente a un nombre particular o a un símbolo particular, o a una especial forma de envoltura, etc., ha creado con ello una cosa de valor; una cosa de valor es propiedad; el creador de propiedad tiene derecho a la protección contra terceros que intenten privarlo de su propiedad[18]. Este argumento puede ser embellecido, en casos particulares, con reproches

---

16 Véase American Washboard Co. v. Saginaw Mfg. Co, 103 Fed. 281, 285 (C. C. A, 6ª, 1900).

17 Nims, *op, cit. supra* en nota 15, parág. 9 a; Handler y Pickett, «Trade-marks and trade-names an analysis and synthesis» (1930), *Columbia Law Review*, t. 30, págs. 168 y 759; Schechter, «The Rational basis of trade-marks protection» (1927), *Harvard Law Review*, t. 40, pág. 813.

18 Cf. American Agricultura 1 Chemical Co. vs. Moore, 17 F. (2d.) 196 (m.D. Ala. 1927) donde una implicación interesante de la teoría en boga es llevada a sus últimas conclusiones lógicas. Se acuerda una *injunction* a una compañía de fertilizantes contra la acción de funcionarios estaduales, que trataban de impedir el uso de un nombre comercial engañoso. El razonamiento es el siguiente: La actora esperaba realizar un gran negocio usando ese nombre comercial; tal expectativa es propiedad, y tiene que ser protegida contra las interferencias del gobierno.

a los motivos egoístas del transgresor (el demandado), con un resumen de la prueba del actor (naturalmente, no contradicha) que acredita el monto que ha gastado en propaganda, y con insinuaciones (rara vez apoyadas en los hechos respecto de la inferioridad del producto del demandado.

El círculo vicioso ínsito en este razonamiento es patente. Pretende basar la protección jurídica en el valor económico, cuando, en realidad, el valor económico de un método o fórmula de venta depende de la extensión en que el mismo será jurídicamente protegido. Si la explotación comercial de la palabra «Palmolive» no queda restringida a una sola firma, la palabra no tendrá para una firma particular más valor económico que un tamaño, una forma, un sistema de envoltura, o un tipo de propaganda convenientes, comunes en el comercio. No siendo de valor económico para ninguna firma particular, la palabra sería considerada por los tribunales como «no propiedad», y no se acordaría protección por vía de *"injunction'*. Dicho de otro modo, el hecho de que los tribunales no protegieran la palabra haría que esta careciera de valor, y el hecho de que careciera de valor sería entonces considerado como una razón para no protegerla. Por ridículo que parezca este círculo vicioso, es lógicamente tan concluyente o no concluyente como el círculo vicioso opuesto, que acepta el hecho de que los tribunales protegen la explotación privada de una determinada palabra como razón para justificar que dicha explotación privada sea protegida.

La circularidad del razonamiento jurídico en todo el campo de la competencia desleal queda velada por la *cosificación* de propiedad». El lenguaje jurídico representa a los tribunales como si examinaran las palabras comerciales y hallaran, ínsitos de algún modo en ellas, *derechos de propiedad*. Es por virtud del derecho de propiedad que el actor ha adquirido en la palabra que tiene derecho a una *injunction* o a una sentencia de daños y perjuicios. Según las autoridades reconocidas en el derecho de competencia desleal, los tribunales no están *creando* propiedad, sino que están simplemente *reconociendo* Algo preexistente.

La teoría de que las decisiones judiciales en el campo del derecho de competencia desleal son simples reconocimientos de Algo sobrenatural que es inmanente a ciertos nombres o comerciales y símbolos es, por supuesto, una de las numerosas progenies de la teoría de que los jueces nada tienen que ver con la elaboración del derecho, sino que simplemente reconocen verdades preexistentes no hechas por los mortales[19]. El efecto de esta teoría, en el derecho de la competencia desleal como en otras partes, es obstruir la comprensión y la crítica de los legos acerca de qué es lo que hacen de hecho los tribunales.

Lo que los tribunales están efectivamente haciendo, en los casos de competencia desleal es, por supuesto, crear y distribuir una nueva fuente de riqueza o de poder económico. El lenguaje es socialmente útil con independencia del derecho, como el aire es socialmente útil, pero ni el lenguaje ni el aire es una fuente de riqueza económica a menos que a algunos se les prohíba usar estos recursos en modos que quedan permitidos para otros. Es decir, que la propiedad es una función de la desigualdad[20]. Si los tribunales, por ejemplo, impidieran a un hombre respirar aire que ha sido respirado por otro (dentro, digamos, de un razonable período de prescripción), aquellos individuos que respirasen más vigorosamente y que fuesen más rápidos y más hábiles para seleccionar ubicaciones deseables donde respirar (o aquellos que hicieran los contratos más ventajosos con tales individuos), llegarían por virtud de su derecho de propiedad sobre ciertos volúmenes de aire a gozar de una peculiar ventaja económica, la que podría a través de los diversos modos de intercambio ser transformada en otras formas de ventaja económica, por ejemplo la propiedad de periódicos o de telas finas. Así, si los tribunales impiden a un hombre explotar ciertas formas del lenguaje que otro ha comenzado ya a explotar, el segundo usuario estará en la desventaja económica de tener que pagar al primer usuario por el privilegio de usar un lenguaje similar, o bien en la desventaja de tener que usar un lenguaje menos llamativo (en general al presentar sus productos al público.

---

19 Véase M. R. COHEN, «The process of judicial legislation», en *Law and the social order* (1933), página 122, publicado también en *Am. L. Rev.*, t. 48, página 161 (1914).

20 Véase M. R, COHEN, «Property and sovereignity», en *Law and the social order* (1933), pág. 41; R. L. HALE, «Coerrion and distribution in a supposedly non coercive state» (1923), *Pol. Sci. Q.* t. 38, pág. 470 (1923); R. L. HALE, «Rate making and the revisión of the property concept». *Columbia Law Review, t.* 22, página. 209 (1922).

De aquí se sigue que al establecer la desigualdad de la explotación comercial del lenguaje, los tribunales están creando riqueza económica y propiedad, creando propiedad no, por supuesto, *ex nihilo,* sino a partir de los materiales de los hechos sociales, costumbres comerciales y convicciones morales populares o prejuicios. No se sigue de aquí, excepto a través de la falacia de composición[21], que al crear nueva propiedad privada los tribunales estén beneficiando a la sociedad. Para saber si están beneficiando a la sociedad es menester aclarar una serie de problemas que los tribunales y los *scholars* que se ocupan de este campo del derecho no han considerado seriamente.

¿Es prácticamente ilimitada la provisión de palabras igualmente eficaces para promover la venta de cualquier producto, de modo que el segundo vendedor del mismo no está en desventaja comercial si es obligado a no utilizar la palabra o palabras escogidas por el primer vendedor? Si este no es el caso, es decir, si hay contextos emocionales peculiares en función de los cuales una palabra tiene mayor poder de ventas que otra apropiada para el mismo producto, ¿debe el Estado conceder gratuitamente al primer ocupante los beneficios del atractivo particular de la palabra más sugestiva?

Esta ley de *homestead* del idioma inglés ¿es necesaria para inducir al primer ocupante a usar la palabra más atractiva en la venta de su producto? Si, por otra parte, todas las palabras son originalmente iguales en potencialidad comercial, pero llegan a diferenciarse mediante la propaganda y otras formas de explotación comercial, ¿es bueno este tipo de presión económica y debe ser estimulado ofreciendo una recompensa jurídica a la explotación privada de los hábitos lingüísticos o de los prejuicios populares? ¿En qué medida la diferenciación de los productos mediante los nombres comerciales ayuda al consumidor a comprar acertadamente? ¿En qué medida el poder exclusivo de ex-

---

[21] «Por «composición» se entiende el paso de un enunciado acerca de cada uno de los miembros de un conjunto» tomados separadamente, en una de las premisas, a un enunciado acerca del conjunto como un todo en la conclusión», EATON, General Logic (1931), p. 340. Un ejemplo de esta falacia, en el contexto presente, sería el enunciado de que el tribunal está aumentando la riqueza de la sociedad porque aumenta la riqueza de los individuos particulares cuyo control sobre el método o técnica de venta se protege.

plotar una palabra atractiva y de alterar la calidad de las cosas a las que esta palabra se adjunta no es un medio de engañar a los consumidores para que compren mercaderías inferiores?

Sin un enfrentamiento franco de estas cuestiones y de otras similares[22], el razonamiento jurídico respecto de los nombres comerciales es simplemente un prejuicio económico encubierto bajo el manto de lógica jurídica. El prejuicio que identifica los intereses del actor en los juicios de competencia desleal con los intereses de la actividad económica[23], y los intereses de la actividad económica con los intereses de la sociedad, no será examinado críticamente por los tribunales y por los estudiosos del derecho mientras no sea reconocido y formulado, Y no será reconocido o formulado mientras la hipostatización de los «derechos de propiedad» oculten la circulandad del razonamiento jurídico.

4. ¿A cuánto asciende el «valor justo" (*fair valué*»)?

Quizás el ejemplo más notorio del razonamiento circular en la teoría jurídica contemporánea es el que está involucrado en la determinación judicial de las utilidades a que tienen derecho las empresas de servicios públicos «de acuerdo con la Constitución»[24]. Lo que los tribunales pretenden hacer en los casos de tarifas es establecer el «valor» de la propiedad de la empresa de servicios públicos y fijar en consecuencia un precio al consumidor que asegure a la empresa una proporción razonable de ingresos en relación con aquel valor. Este sería un procedimiento comprensible si los tribunales entendieran por «valor» el costo efectivo o bien el valor de reposición. Durante cuarenta años, sin embargo, desde el famoso caso «*Smyth vs. Ames*"[25], los tribunales han insistido en que puede ser «inconstitucional» que a una empresa de servicios públicos sólo se

[22] Para un ejemplo de análisis realista de las consecuencias, en este campo, véase Legis., «The vestal bill for the copyright registration of designs», *Columbia Law Review*, t. 31, pág. 477 (1931).

[23] Véase Schechter, *supra*, nota 17, pág. 831.

[24] La circularidad del razonamiento judicial en este campo es examinada por R. L. Hale, en «Valué and vested Rights», *Columbia, Law Review*, t. 27, pág. 523 (1927); D. R. Richberg, «Valué by judicial fiat», *Harvard Law Review*, t. 40, pág, 567 (1927); J. C. Bonbright, «The problem of judicial valuation», *Columbia Law Review*, T. 27, pág. 493 (1927).

[25] 169 U. S. 466 (1893).

le permita obtener un ingreso justo sobre la base del costo efectivo o del valor de reposición de su propiedad; debe permitírsele un ingreso justo sobre la base del «valor efectivo» de la propiedad.

¿Cuál es el valor efectivo de la propiedad de una empresa de servicios públicos? Obviamente es la capitalización, según las lasas vigentes del mercado, del provecho permitido y esperado. En un mercado al 6 %, una empresa a la que se le permite obtener un provecho de seis millones de dólares por año, será valuada en cien millones de dólares, y una empresa a la que se le permite un provecho de tres millones de dólares por año, valdrá cincuenta millones. *El valor efectivo de una empresa de servicios públicos, por lo tanto, está en función de la decisión del tribunal,* y ésta no puede basarse de hecho sobre el valor efectivo de la propiedad. Dicho valor resulta creado por el tribunal; antes de la decisión de éste y al margen de la información o creencia sobre lo que el mismo decidirá, no es un hecho económico. Tampoco se admite que sea un hecho ético basado en la determinación del monto que a una empresa dada debe permitírsele cobrar a sus clientes a la luz de los hechos sociales y de los criterios de orientación social. El razonamiento judicial en este campo, es, pues, enteramente mítico, y la motivación real de los tribunales al alcanzar determinadas decisiones queda efectivamente oculta a los ojos de todos los sinceros creyentes en la teología jurídica ortodoxa.

5. ¿Cuándo es "debido" el proceso legal?

Sobre el razonamiento jurídico gravita una peculiar carga de esperanzas humanas y de sufrimientos humanos en aquel dominio en el que la frase «debido proceso legal» *(due proces of law)* sirve como texto para el examen judicial de la legislación social. Aquí, al menos, se podría esperar que un «respeto decente de las opiniones de la humanidad» llevara a los tribunales a formular con alguna claridad su propia concepción acerca de qué es lo que están haciendo. Sin embargo, en ningún otro sector la logomaquia ofrece resistencia más obstinada al análisis realista.

¿Qué es «debido proceso legal» («due process of law»)?

Se podría haber deducido del lenguaje de ciertos casos[26] que «debido proceso legal» («due process of law») significaba aquella regula-

[26] Véase Murray v. Hoboken Land and Improvement Co., 18 How. 272, 280 (U, S. 1855); Robertson vs. Baldwin, 165 U. S. 275 (1897), y casos allí citados.

ción que era familiar a los padres de la Constitución. Así concebida, la frase denotaría un concepto bastante definido, y la función de los tribunales al aplicar aquel concepto a la legislación consistiría en una objetiva tarea de investigación de índole histórico-jurídica. Es claro, sin embargo, que el moderno uso judicial de las cláusulas del debido proceso no se basa en tal investigación histórica. Las regulaciones de salarios y de precios contra las cuales estas cláusulas han sido esgrimidas con particular severidad, encuentran amplio precedente histórico en la primitiva legislación colonial y en la legislación inglesa[27].

Recientes decisiones judiciales sugieren una segunda concepción del debido proceso: la legislación cae dentro de las cláusulas del «debido proceso» cuando es tal que puede ser aprobada por hombres racionales. Tomada seriamente, esta concepción hace de nuestros tribunales comisiones psiquiátricas que deben decidir sobre la capacidad mental de los legisladores y, ocasionalmente, de sus colegas de la magistratura. De algún modo tal concepción sirvió como premisa mayor para el famoso memorial de Brandéis en el caso *Muller vs. Oregon*[28], que agrupó las opiniones favorables de individuos de indiscutida cordura respecto de la legislación que restringe las horas de trabajo de las mujeres en la industria. Pero aplicaciones subsiguientes de esta técnica han hallado menos favor de parte de los tribunales, y cuando Frankfurter presentó a la Suprema Corte una antología semejante de opiniones en favor de la ley de salario mínimo para las mujeres, el tribunal respondió que también se podía hacer una compilación importante de opiniones desfavorables[29]. El hecho de que hombres razonables aprueben una legislación específica no impide, por lo tanto, que la misma constituya una violación del «debido proceso legal» («due process of law»).

---

27 Véase, por ejemplo, la ley de New York del 3 de abril de 1778, «Ley para regular los salarios de los mecánicos y trabajadores; los precios de los productos y mercaderías, y las tarifas de los posaderos dentro de este estado, y para otros fines mencionados en la misma», y otras leyes citadas en HANDLER, «Constitutionality of investigations by the Federal Trade Commission, *Columbia Law Review*, t. 28, pags. 708, 712, n. 14 (1928); véase también BOUDIN, *Government by judiciary* (1932). t. 2, págs. 401, 447.

28 208 U. S. 412 (1908).

29 Adkins vs. Children's Hospital, 261 U. S. 525- 559 (1923).

La frase «debido proceso legal» («due process of law») no denota, pues, un hecho histórico ní un hecho psiquiátrico. Denota quizás un ideal moral? El hecho de que una legislación sea debida o indebida puede parecer ser a los legos una cuestión de ética social o de moral. Pero tal concepción ha sido vigorosamente repudiada por los tribunales. Así, el análisis de Frankfurter de los males sociales que la legislación de salario mínimo podía eliminar, fue caracterizado por la Suprema Corte de los Estados Unidos como «interesante pero sólo moderadamente persuasivo». El tribunal siguió diciendo:

«Tales circunstancias son dignas de la consideración de los cuerpos legislativos, puesto que tienden a establecer la conveniencia o inconveniencia de la legislación; pero ellas no arrojan luz legítima sobre el problema de su validez, y esto es lo que los tribunales están llamados a decidir.»[30]

La expresión «debido proceso legal («due process of law»), pues, no puede ser definida en términos de ética social, ni en términos de historia jurídica o de psicología anormal.

En la práctica, la Suprema Corte expresa que en un caso de «debido proceso» toma primordialmente en cuenta sus propias decisiones anteriores sobre el tema, creyendo al parecer, como el Bellman[31], que lo que se dice tres veces tiene que ser verdad. Pero este procedimiento de autofertilización no da cuenta de las decisiones efectivas. Y se puede sospechar que un tribunal no se escondería tras una cortina de sinsentido trascendental si los fundamentos de sus decisiones fueran tales que pudieran ser presentados sin vergüenza al público.

---

30 *Ibid.*

31 Just the place for a Snark», the Bellman
[cried.
As he landed his crew with care;
Supporting each man on the top of the tide
By a finger entwined in his hair.
«Just the place for Snark! I have said it twice:
That alone should encourage the crew.
«Just the place for a Snark! I have said it thrice:
What I tell you three times is true».
(Lewis Carroll, *The Hunting of the Snark, Fit the first*».

6. Naturaleza del sinsentido jurídico

Sería aburrido continuar con nuestro examen; en todos los campos del derecho encontraríamos la misma costumbre de ignorar las cuestiones prácticas valorativas o de hecho y de buscar refugio en «problemas jurídicos», que siempre pueden ser resueltos mediante el manipuleo de conceptos técnicos según formas aprobadas. En cada campo del derecho encontraríamos conceptos peculiares que no son definidos en términos empíricos ni en términos de ética, sino que son usados para responder por igual a cuestiones éticas y empíricas, cerrando así el paso a la investigación inteligente de los hechos sociales y de las pautas valorativas sociales (*social policy*).

Persona jurídica», «derechos de propiedad», "valor justo" y "debido proceso legal" son conceptos de ese tipo. Del mismo tipo son *"titulo", «contrato", "acuerdo doloso", "dolo","causa próxima"* y el resto de las '«palabras solucionadoras» mágicas de la teoría jurídica tradicional. Los razonamientos jurídicos expresados en estos términos son necesariamente circulares, dado que estos términos son en sí creaciones del derecho, y tales razonamientos añaden a nuestro saber exactamente lo mismo que el descubrimiento del médico de Molière de que el opio hace dormir a los hombres porque contiene un principio somnífero.

Ahora bien, la proposición de que el opio hace dormir a los hombres *porque* contiene un principio somnífero es científicamente útil si «principio somnífero» es definido física o químicamente. De otra manera sólo sirve para obstruir el acceso a la comprensión con un falso conocimiento. Así también la proposición de que una ley es inconstitucional *porque* priva a las personas de la propiedad sin debido proceso legal sería científicamente útil si «propiedad» y «debido proceso» fuesen definidos en términos no jurídicos; de otro modo tal enunciado obstruye simplemente el estudio de los hechos relevantes.

Si los ejemplos de razonamiento jurídico que anteceden son típicos, podemos resumir los presupuestos o creencia básicos de la teoría jurídica tradicional de la siguiente manera:

Los *conceptos jurídicos* (por ejemplo *persona jurídica* o *derechos de propiedad)* son entidades sobrenaturales que no tienen una existencia verificable salvo a los ojos de la fe. Las *reglas de derecho* que se refieren a estos conceptos jurídicos, no son descripciones de hechos sociales empíricos (tales como las costumbres de los hombres o las de los jueces) ni tampoco enunciaciones de ideales morales sino que son más bien teoremas en un sistema independiente. De aquí se sigue que un *razonamiento jurídico nunca* puede ser refutado por un principio moral ni por un hecho empírico. La *teoría jurídica* (*"jurisprudence"*), por lo tanto, como sistema autónomo de conceptos, reglas y razonamientos jurídicos, tiene que ser independiente tanto de la ética como de ciencias positivas tales como la economía o la psicología. En efecto, es una rama especial de la ciencia del sinsentido trascendental.

CAPÍTULO II

EL MÉTODO FUNCIONAL

Ha sido reconocido desde hace tiempo, que hay algo básicamente equivocado en nuestros modos de pensar jurídicos tradicionales. Holmes, Gray, Pound, Brooks Adams, M. R. Cohen, T. R. Powell, Cook, Oliphant, Moore, Radin, Llewellyn, Yntema, Frank y otros *leaders* del moderno pensamiento jurídico de los Estados Unidos están fundamentalmente de acuerdo en su menosprecio de la «teoría jurídica mecánica» («mechanical jurisprudence») de la magia jurídica y de los escamoteos verbales[32]. Pero el acuerdo es menos aparente cuando arribamos a la cuestión de qué es lo que debe hacerse: ¿Cómo vamos a salir de este enredo? ¿De qué modo vamos a reemplazar la clásica teoría jurídica de conceptos por una versión realista, racional y científica de los acontecimientos jurídicos?

---

32 Véase HOLMES, «The path of the law», *Harvard Law Review*, t. 10, pág. 457 (1897); *Collected legal papers* (1920), pág. 167: CRAY, *Nature and sources of the law* (1909), caps. 4-5: POUND, «Law in books and law in action», *Am. L. Review*, 44, pág. 12 (1910); POUND, «Mechanical jurisprudence'», *Columbia Law Review*, t. 8, pág. 605 (1908); BROOKS ADAMS, «Law under inequality: Monopoly», en *Centralization and the law* (1906), Conferencia 2; M. R. COHEN, «The process of judicial legislation», *Am. L. Rev.*, t. 48, pág, 161 (1914), *Law and the social order* (1933), pág. 112; T. R. POWELL, «The judiciality of minimum wage legislation». *Harvard Law Review*, t. 37, pág. 545 (1924); COOK, «Logical and legal bases of the conflict of laws», *Yale*, L. J., t. 33, pág. 457 (1924); Oliphant, «A return to stare decisis», *Am, L. School Rev.*, t. 6, pág. 215 (1928); U. MOORE, «Rational basis of legal institutions», *Columbia Law Review*, t. 23, pág. 609 (1923); M. RADIN, «Case *law* and stare decisis: Concerning Prajudizienrecht in Amerika», *Columbia Law Review*, t. 33, pág. 199 (1933): LLEWELLYN, «A realistic jurisprudence —the next step», *Columbia Law Review*, t. 30, pág. 431 (1930); LLEWELLYN, «Some realism about realism: Responding to Dean Pound», *Harvard Law Review*, t. 44, pág. 1222 (1931): YNTEMA, «The Hornbook method and the conflict of laws», *Yale Law Journal*, t. 37, pág. 468 (1928); FRANK, *Law and the modern mind* (1930).

Los intentos de responder a esta pregunta han hecho uso insistente de la expresión «enfoque funcional». Infortunadamente esta expresión ha sido usada con frecuencia con tan poco significado como cualquiera de los conceptos mágicos jurídicos contra los cuales va dirigida. Muchos que usan el término «funcional» no se proponen sugerir más que la vaga connotación que la palabra «práctico» transmite al hombre «práctico». Otras veces la expresión «enfoque funcional» es usada para designar una forma moderna de animismo, según la cual toda institución social u organismo biológico tiene un «propósito» en la vida y ha de ser juzgado bueno o malo según consiga lograr o no este «propósito». No intentaré ser fiel a estos vagos usos al emplear el término «funcional». Usaré el término, en cambio, para designar ciertos principios o tendencias que aparecen más claramente en la moderna ciencia física y matemática y en la moderna filosofía. Porque vale la pena observar que el problema de la eliminación de términos sobrenaturales y cuestiones sin sentido y de la redefinición de conceptos y problemas en términos de realidades verificables, no es un problema peculiar al derecho. Es un problema que ha sido enfrentado en los dos o tres últimos siglos y más específicamente en las cuatro o cinco últimas décadas por la filosofía, la matemática, la física e igualmente por la biología, la economía, la antropología, y sin duda también por otras ciencias. «Funcionalismo», «operacionalismo», «pragmatismo», «positivismo lógico», son expresiones que junto con muchas otras han sido usadas en campos diversos, con diferentes matices de significado y énfasis, para designar un cierto enfoque común en esta tarea general de redefinir los conceptos tradicionales y los problemas tradicionales.

Quizás pueda clarificar el significado de este enfoque funcional en el derecho, señalar algunas de las contribuciones básicas que el método funcional ha hecho a la ciencia y a la filosofía modernas.

1. La eliminación de conceptos desprovistos de significado

En su aspecto negativo (que naturalmente tiene especial prominencia en un movimiento de protesta) el funcionalismo representa un ataque a todos los dogmas y métodos que no puedan ser traducidos a términos de experiencia efectiva.

En la física, el método funcional u operacional es un ataque a conceptos sobrenaturales tales como el de espacio absoluto y tiempo absoluto; en las matemáticas, a los conceptos sobrenaturales de números reales e imaginarios, racionales e irracionales, positivos y negativos. En la psicología, William James inaugura el método funcional (que halla en el *"behaviorismo"* una forma extrema) formulando la ingenua pregunta: ¿Existe la conciencia?[33]. La moderna «gramática funcional» es un ataque a las teorías y distinciones gramaticales que, cuando se las aplica al idioma inglés, simplemente no tienen una significación verificable —conceptos vacíos tales como, por ejemplo, el de *noun syntax,* con su distinción no verificable entre un caso nominativo, uno objetivo y otro posesivo[34]. Y pasando al campo del arte, encontramos que la arquitectura funcional es igualmente un repudio de símbolos pasados de moda y de formas sin función que carecen de sentido —columnas de mármol huecas que no sostienen, contrafuertes simulados y frentes falsos[35].

Lo mismo ocurre en el derecho. Nuestro sistema jurídico está repleto de conceptos sobrenaturales, es decir, de conceptos que no pueden ser definidos en términos de experiencia, y de los cuales se supone que fluyen decisiones empíricas de todo tipo. La teoría jurídica moderna presenta un ultimátum a estos conceptos no verificables. Toda palabra que no tenga provisión de fondos en moneda de hechos, a la vista, es declarada en bancarrota, y no estamos dispuestos a seguir manteniendo relaciones con ella. Llewellyn ha presentado el pedido de quiebra del concepto de título[36]; Oliphant, del concepto de contrato[37]; Haines, Brown, Powell, Finkelstein y Cushman, del concepto de debi-

---

33 *Essays in radical empiricism"* (1912). En respuesta a esta pregunta, James afirma: «No hay materia prima *o* cualidad de ser original de la que estén hechos *nuestros* pensamientos sobre los objetos materiales como cosa distinta de la materia prima de que están hechos estos objetos materiales; sin embargo hay una función en la experiencia que los pensamientos cumplen...» (páginas 3-4).

34 Véase H. N. RIVLIN (*Functional grammar* (1930); y cf, L. BLOOMFIELD, *Language* (1933), página 266 *et passim.*

35 Véase F. L. WRIGHT, *Modern architecture* (1931).

36 LLEWELLYN, *Cases and materials on the law of sales* (1930).

37 OLIPHANT, «Mutuality of obligation in bilateral contracts at law», *Columbia Law Review*, t. 25, pág. 705 H925): *Columbia Law Review*, t. 28, pág. 997 (1928).

do proceso, poder de policía y palabras encantadas semejantes del derecho constitucional[38]; Hale, Richberg, Bonbright y otros, del concepto del valor justo en materia de regulación de tarifas[39]; Cook e Yntema, del concepto de derechos adquiridos en el campo del derecho internacional privado *(conflict of laws)*[40]. Cada uno de estos hombres ha tratado de poner de manifiesto las confusiones que el pensamiento jurídico vigente engendró mediante estos conceptos, y ha tratado de reformular los problemas en el área de su interés en términos que exhiban la relevancia concreta de las decisiones jurídicas respecto de hechos sociales.

2. La supresión de problemas desprovistos de significado

Es una consecuencia del ataque funcional a los conceptos no verificables que muchos de los problemas tradicionales de la ciencia, del derecho y de la filosofía se revelan como pseudo problemas desprovistos de sentido. La principal figura del positivismo lógico, Wittgenstein, dice de los problemas tradicionales de la filosofía:

«La mayor parte de las proposiciones y preguntas que han sido escritas acerca de temas filosóficos, no son falsas sino sinsentido. No podemos, en consecuencia, responder a preguntas de este tipo, sino sólo enunciar su carencia de sentido. La mayor parte de las preguntas y de las proposiciones de los filósofos derivan del hecho de que no entendemos la lógica de nuestro lenguaje. (Son del mismo tipo que la pregunta que indaga si el Bien es más o menos idéntico que lo Bello.) Y así no debe asombrarnos que los problemas más profundos no sean en realidad problemas»[41].

---

38 C. G. HAINES, «General observations on the effects of personal, political and economic influences in the decisions of judges», III. *L. Rev., t.* 17, pág. 96 (1922) ; R. A. BROWN, «Police power – Legislation for health and personal safety». *Harvard Law Review*, t. 42, pág. 866 (1929); T. Ft. POWELL, «The judicially of minimum wage legislation», *Harvard Law Revier*, t. 37, pág, 545 (1924); M. FINKELSTEIN, "Judicial self limitation», *Harvard Law Review*, t. 37, pág. 338 (1924); R. E. CUSHMAN, "The social and economic interpretation of the fourteenth Amendment», *Mich. L. Review*. T. 20, página 737 (1922).

39 Véase nota 24, *supra.*

40 COOK, «Logical and legal bases of the conflict of *Law Yale Law Journal*, t. 33, pág. 457 (1924); YNTEMA, «The Hornbook method and the conflict of law, *Yale Law Journal*, t. 37, pág. 468 (1928).

41 WITTGENSTEIN, *Tractatas Logico-Philosopkicus* (1922), prop. 4.003. Cf. JAMES, *Pragmatism* (1908): «El método pragmático es primordialmente un método

Lo mismo puede decirse de los problemas de la teoría jurídica tradicional. Tal como se los formula comúnmente, «problemas» tales como ¿»Qué es el *holding* o la *ratio decidendi* de un caso?»[42], o ¿Qué se originó primero, el derecho o el Estado?[43], o «¿Cuál es la distinción esencial entre un delito criminal y un delito civil?»[44] o «¿Dónde está una persona jurídico? carecen en realidad de sentido, y sólo pueden servir como invitaciones para despliegues de acrobacia conceptual, igualmente carentes de significado.

Fundamentalmente, sólo hay dos cuestiones con significado en el campo del derecho. Una es «¿Cómo deciden de hecho los tribunales casos de un tipo determinado»? La otra es «¿Cómo deberían decidir los tribunales casos de un tipo determinado»? A menos que un problema «jurídico» pueda ser subsumido bajo una de estas formas, no es una cuestión con sentido y cualquier respuesta al mismo tendrá que ser un sinsentido[45].

3. La redefinición de conceptos

Aunque el aspecto negativo del método funcional es capaz de asumir prominencia en las controversias polémicas, el valor del método depende, en último análisis, de sus contribuciones positivas al progreso del conocimiento. Juzgado desde este punto de vista creo que es correcto decir que el método funcional se ha justificado a sí mismo en todos los campos científicos en los que ha sido aplicado, y que la redefinición funcional de los conceptos científicos ha sido la clave de

---

para resolver disputas metafísicas que de otra manera podrían ser interminables... El método pragmático consiste, en tales casos, en tratar de interpretar cada noción buscando *sus* consecuencias prácticas respectivas... Si no se puede hallar ninguna diferencia, entonces las alternativas significan prácticamente lo mismo, y toda la disputa es vana... Es sorprendente advertir cuántas disputas filosóficas se reducen a la insignificancia tan pronto como se las somete al simple «test» de tratar de hallar una consecuencia práctica», (págs 45-49).

42 Véase Goodhart, «Determining the ratio decidendi of a case», *Yale L. J.*, t. 40, pág. 161 (1930); y cf. Llewellyn, *Bramble Busk* (1930), pág. 47.

43 Afortunadamente hay muy poca literatura en inglés sobre este problema. Para los juristas alemanes, pin embargo, tiene un desmesurado interés.

44 Véase C, K. Alien, *Legal duties and other essays in jurisprudence* (1931), pág. 226. Y cf. W. W. Cook, Book Review, *Yale L. J.*, t. 42, pág. 299, 1932.

45 Cf. F. S. Cohen, «What is a question?» Monist, t. 39, pág. 350 (1929).

los progresos teoréticos más importantes en las ciencias durante las últimas cinco décadas.

El tremendo avance hecho en la comprensión de los fundamentos de las matemáticas puras, logrado a través del trabajo de hombres como Frege, Peano, Whitehead y Russell[46], ofrece un ejemplo esclarecedor del método funcional en acción.

Hace cincuenta años, las matemáticas contenían tantas «ficciones» sin analizar, conceptos sobrenaturales, cuestiones irreales y operaciones injustificadas, como la teoría jurídica clásica. Los estudiantes secundarios aprenden todavía a sustraer el número entero siete del número entero dos, lo que es lógicamente imposible. Un entero es el número de una clase, y obviamente una clase de siete miembros no puede estar contenida en, o ser sustraída de, una clase de dos miembros. El estudiante que se rehúsa a creer en tal sustracción sobrenatural está enteramente justificado, aunque tenga que esperar muy poca misericordia de los profesores y examinadores ignorantes (lo mismo le ocurre al estudiante de Derecho que se niega a contestar preguntas absurdas y que se limita a poner de manifiesto su carencia de sentido). Sin embargo, la ficción matemática, como la ficción jurídica (por ejemplo, la ubicación espacial de una persona jurídica), representa una percepción confusa de un hecho significativo. El análisis funcional debe desenmarañar esta confusión y hallar el hecho. Es un hecho que si uno mueve siete unidades en una dirección —en la dirección de bancarrota, digamos, o en la dirección de temperatura más baja— y llama a esta dirección «menos», y después mueve dos unidades en la dirección opuesta —«más»— ha movido en efecto cinco unidades en la primera dirección («menos»), Indudablemente, es útil inventar o definir términos matemáticos para describir estos dos *movimientos* u *operaciones* y las relaciones entre ellos (del mismo modo que es útil inventar términos jurídicos para describir las actividades de seres humanos en tanto que miembros de una persona jurídica). Pero tales términos matemáticos, es importante reconocerlo, no son números, en el sentido en que «número» es ordinariamente definido (es decir,

---

46 Véase RUSSELL, *Principles of Mathematics* (1903); *Introduction to Mathematical Philosophy* (1919; RUSSELL y WHITEHEAD, *Principia Mathematica* (1910); FREGE, *Die Grundlagen der Aritkmetik* (1884).

no son enteros). ¿Qué son, entonces, estas nuevas entidades? Las matemáticas clásicas concebían a estas entidades como números enteros actuando, bajo alguna especial dispensa, de modo sobrenatural. Las matemáticas modernas muestran que estas entidades, conocidas como «números signos», no son números enteros en modo alguno, sino .simplemente *construcciones* o *funciones* de números enteros. El número «-7» es la operación consistente en mover una unidad a partir de cualquier entero en dirección a su predecesor inmediato en la serie, repetida siete veces. El número «+ 7» es la operación inversa, es decir, la operación consistente en mover una cantidad a partir de cualquier entero en dirección a su sucesor inmediato, repetida siete veces. El número «+7» es, en consecuencia, algo completamente diferente del entero «7». Es, sin embargo, una función lógica o una construcción del entero siete, dado que el entero siete aparece en la definición de «+7» como operación repetida «siete» veces.

Del mismo modo, los modernos avances en las matemáticas han puesto en claro que los números racionales e irracionales, reales e imaginarios, no son números en el sentido original de la palabra, sino *que* son funciones de tales números[47]. La llamada aritmetización de las matemáticas, y la definición de los conceptos de las matemáticas de Whitehead y Russell, como construcciones a partir de ciertos términos lógicos simples, han liberado a los términos matemáticos de sus significaciones sobrenaturales y han iluminado y eliminado inconsistencias ocultas y clarificado las relaciones de los conceptos matemáticos, no solo entre sí sino con el mundo material.

Un uso similar del método funcional ha caracterizado los avances más significativos de la filosofía moderna. El ataque a las concepciones trascendentales de Dios, materia, el Absoluto, esencia y accidente, sustancia y atributo, ha sido vigorosamente emprendido por C. S. Peirce, James, Dewey, Russell, Whitehead, C. I. Lewis, C. D. Broad y más recientemente por la Escuela de Viena, primordialmente por Wittgenstein y Carnap[48]. Estos hombres pertenecen a diversas

[47] Véase RUSSELL, *Introduction to Mathematical Philosophy* (1919), cap. 7.

[48] Véase C. S. PEIRCE, *Chance, Love and Logic* (1923), ; *Collected papers* (1931-1934), especialmente volumen 5: James, *Pragmatism* (1908). Essays in radical empiricism (1912); DEWEY, "Appearing anil appeatance, en *Philosophy*

escuelas, pragmatismo, pragmaticismo (palabra que adoptó Pierce cuando advirtió lo que sus continuadores estaban haciendo con la palabra «pragmatismo») neo-realismo, realismo crítico, realismo funcional y positivismo lógico. Sería incorrecto subestimar las diferencias reales existentes entre algunas de estas escuelas, pero en un aspecto fundamental ellas asumen una posición idéntica. Tal posición es expresada corrientemente con la frase «Una cosa es lo que ella hace *("A thing is what it does»).* Más preciso es el lenguaje de Peirce: Tara verificar el significado de una concepción intelectual se deben considerar qué consecuencias prácticas podrían concebiblemente resultar por necesidad de la verdad de tal concepción; y la suma de esas consecuencias constituirá el significado total de la concepción»[49]. Las implicaciones metodológicas de esta máxima son resumidas por Russell en estas palabras:

"La máxima suprema en el filosofar científico es ésta: *Dondequiera sea posible hay que reemplazar las entidades inferidas por construcciones lógicas»*[50].

En otras palabras, en lugar de presuponer causas ocultas o principios trascendentales detrás de todo lo que vemos o hacemos, debemos redefinir los conceptos del pensamiento abstracto como construcciones, o funciones, o complejos, o pautas, o arreglos, de las cosas que efectivamente vemos o hacemos. *TODOS* los conceptos que no puedan ser definidos en términos de los elementos de la experiencia efectiva carecen de significado.

La tarea de la filosofía moderna consiste en salvar la significación que pueda atribuirse a los conceptos tradicionales de la metafísica, a través de la redefinición de estos conceptos en tanto que funcio-

---

and civilization (1931), página 51: Russell, *Our knowledge of the external world as a field for scientific method in philosophy* (1914); *Mysticism and logic* (1918); WHITEHEAD, *The principle of natural knowledge* (1919); *The concept of nature* (1920); C. I. LEWIS, *Mind and the world order* (1929); C D, BROAD. *Scientific thought* (1923); WITTGENSTEIN, *Tractatus Logico-Philosophicus* (1922); Carnap, *Ueberwindung der Metaphysik durch logische Analyse der Sprache* (1932), *Erkenntnis,* t. 2, N° 4; J. E. BOODLN, "Functional Realism" (1934), *Philosophical Review,* tomo 43, pap. 147.

49 C. S. PEIRCE, *Collected papers,* t. 5 pág. 6.

50 RUSSELL, *Mysticism and logic* (1918), página 155.

nes de la experiencia efectiva. Sean cuales fueren las diferencias que existan entre los filósofos modernos en la elección de los términos de experiencia que han de servir como términos básicos del análisis funcional – «sucesos», «sensa» y «hechos atómicos» son sólo unos pocos de estos términos básicos – pocos habrán de discrepar con el punto de vista expresado por William James cuando dijo que en nuestra investigación de cualquier idea abstracta la pregunta central tiene que ser: «¿Cuál es su valor en efectivo *(cash value)* en términos de experiencia particular? ¿Y qué diferencias especiales ocurrirían en el mundo si ella fuera verdadera o si fuera falsa?»[51]. Un uso similar del método funcional caracteriza progresos recientes en el campo de la física. En lugar de concebir al espacio como algo dentro del cual encajan las cosas físicas, pero que de algún modo existe, inverificable, con independencia de las cosas que lo llenan (como se supone que existe el *common law,* antes de las decisiones efectivas y con independencia de ellas), y asumir después que hay un éter que llena el espacio cuando está vacío, los físicos modernos conciben el espacio como una multiplicidad de relaciones entre objetos o sucesos físicos. La teoría de la relatividad comienza con el reconocimiento de que las relaciones entre los objetos o sucesos físicos implican tanto un aspecto temporal como uno espacial. Por eso se hace conveniente, para ciertos propósitos, reemplazar la noción de espacio por la de espacio-tiempo, o incluso por una noción que incluye masa tanto como espacio y tiempo.

El paralelo entre el método funcional de la física moderna y el programa de la jurisprudencia realista está tan bien diseñado por un distinguido jurista chino que basta aquí una transcripción sin necesidad de comentarios[52]:

> «En un libro reciente sobre «La naturaleza del mundo físico», el profesor Eddington observa: «Una cosa tiene que ser definida según la manera en la cual es reconocida en la práctica, y no según una significación ulterior que suponemos que posee». Así, el profesor Bridgmann dice en «The Logic of Modern Physics»:

[51] JAMES, «The pragmatic method", *Journal of Philosophy,* t. 1, pág. 673 (1904).
[52] JOHN C. H. WU, «Realistic analysis of legal concepts: A study in the legal method of Mr. Justice Holmes», *China Law Review,* t. 1, pap, 2 (1932).

«Hasta ahora muchos de los conceptos de la física han sido definidos en términos de sus propiedades». Pero hoy, «en general, un concepto cualquiera no significa nada más que un conjunto de operaciones: *el concepto es sinónimo del correspondiente conjunto de operaciones.* Si el concepto es físico, como el de longitud, las operaciones son operaciones físicas efectivas, a saber, aquéllas mediante las cuales se mide la longitud; si el concepto es mental, como el de continuidad matemática, las operaciones son mentales, a saber, aquéllas mediante las cuales determinamos si un cierto agregado de magnitudes es continuo».

«Ahora bien, este modo de manejar los conceptos fue precisamente el que Holmes introdujo en la Ciencia del Derecho a comienzos de década 1880-1890. Antes de discutir la significación y posibilidades del nuevo método, permítaseme hacer una lista de algunas de sus definiciones jurídicas:

"Derecho": «Las profecías de lo que los tribunales harán efectivamente, y no otra cosa más pretenciosa, es lo que significo por Derecho».

Derecho subjetivo: Pero para fines jurídicos un derecho es sólo la hipóstasis de una profecía: imaginar una sustancia que *da apoyo* al hecho de que la fuerza pública se dirigirá contra quienes realizan actos que, se dice, lesionan aquel derecho, del mismo modo que hablamos de la fuerza de gravitación para dar cuenta de la conducta de los cuerpos en el espacio.

Deber: «El llamado deber jurídico no es otra cosa que una predicción de que si un hombre hace u omite ciertas cosas sufrirá de esta o de aquella manera por virtud del fallo de un tribunal; y lo mismo respecto del derecho subjetivo».

Contrato: «El deber de observar un contrato en el *common law* no significa más que la predicción de que uno tendrá que pagar daños y perjuicios si no lo cumple. Si alguien comete un acto ilícito es responsable del pago de una suma compensatoria. Si alguien celebra un contrato, está obligado a pagar una suma compensatoria a menos que el evento prometido ocurra. Esa es toda la diferencia».

«Debe concederse de entrada que todas estas definiciones son susceptibles de mayor desarrollo o mejoramiento: El punto importante a anotar es la completa desviación respecto del modo en el que la vieja teoría jurídica clásica definía las cosas. Hostil como era a la lógica tradicional, Holmes, en su análisis de los conceptos jurídicos dio con las fuentes de la lógica neo-realista. Se apartó completamente de la lógica basada en la forma sujeto-predicado, y empleó una lógica de las relaciones. No trató de mostrar cómo una entidad jurídica posee ciertas propiedades inherentes. En todas partes trató de poner de manifiesto lo siguiente: Si un cierto grupo de hechos es verdad respecto de una persona, entonces ésta recibirá un cierto grupo de consecuencias imputadas por el derecho a aquel grupo de hechos. En lugar de tratar un concepto jurídico como una sustancia que en su naturaleza contiene necesariamente ciertas propiedades inherentes, he aquí una lógica que lo considera como una mera señal de una relación real que existe entre un antecedente y un consecuente. Y, como dice con propiedad uno de los nuevos realistas, todas las señales tienen que estar perfectamente conservadas con sus inscripciones bien legibles y con indicación exacta. Resumiendo: al transformar la lógica jurídica de una forma sujeto-predicado a una de antecedente-consecuente, Holmes creó virtualmente una ciencia inductiva del derecho. Porque tanto el antecedente como el consecuente tienen que ser probados y verificados por vía empírica».

En síntesis, Holmes, y habría que añadir Hohfeld[53], han proporcionado una base lógica para la redefinición de todos los conceptos jurídicos en términos empíricos, es decir, en términos de decisiones judiciales. Desaparece el mundo fantasmal de las entidades jurídicas sobrenaturales en las que los tribunales delegan la responsabilidad moral de decidir los casos; en su lugar, vemos conceptos jurídicos en tanto que pautas de conducta judicial, conducta que para bien o para mal afecta vidas humanas» y que está, por lo tanto, sometida a la crítica moral. Del método funcional en las ciencias jurídicas se podría decir, como Russell ha dicho del método en la filosofía contemporánea, que «nuestro procedimiento es aquí precisamente análogo a aquel que ha hecho desaparecer de la filosofía de las matemáticas la inútil fauna de los monstruos metafísicos que antaño la infestaban»[54].

---

53 Véase HOHFELD, «Fundamental legal conceptions» (1919).

54 RUSSELL, loc. cit. *supra*, nota 50.

4. La nueva dirección de la investigación

A menudo es más fácil distinguir una escuela de pensamiento indagando qué pregunta básica propone en lugar de indagar qué teoría básica defiende.

No reconocer que el Derecho es un vasto campo en el cual estudiosos diferentes están interesados en diferentes problemas, tiene el efecto desdichado de hacer que cada escuela de pensamiento jurídico se transforme en un antagonista *ex officio* de todas las demás. La clasificación del Dean Pound, que agrupa a los juristas en las escuelas analítica, histórica, filosófica y sociológica, como mutuamente exclusivas, con subespecies demasiado numerosas para ser mencionadas aquí[55], ha dado una buena dosis de prestigio a la idea de que una nueva escuela de pensamiento jurídico tiene que constituirse en una amenaza revolucionaria para todas las escuelas existentes. Sería infortunado considerar al «funcionalismo» en el Derecho como un sustituto para todos los otros «ismos». En lugar de ello, tenemos que considerar al funcionalismo, tanto en el Derecho como en la antropología, economía y en otros campos, como una invitación al estudio de problemas que han sido olvidados por otros métodos científicos de investigación.

En general, cuando alguien se da con un hecho extraño y trata de entenderlo, hay cuatro investigaciones que puede emprender.

En primer lugar, nuestro investigador puede *clasificar* el hecho, ya sea colocándole un rótulo arbitrario o percibiendo en él similaridades y diferencias significativas que lo relacionan con otros hechos.

Por otro lado, puede tratar de descubrir la *génesis* del hecho en cuestión, rastrear sus antecedentes históricos.

En tercer lugar, puede indagar por la *naturaleza* del hecho tratando, mediante el análisis lógico, de resolverlo en sus elementos más simples,

Un cuarto enfoque posible trata de descubrir la *significación* del hecho a través de una determinación de sus implicaciones o consecuencias, en un contexto dado, matemático, físico o social.

---

[55] Véase POUND, *Outlines of lectures on jurisprudence* (4ª edición, 1928), cap. 1.

Este último enfoque es el que ha recibido la denominación de «funcional». Claro está que no es la *única* forma de reunir información útil y, ello es obvio, dicho enfoque depende en gran medida de los resultados de la investigación clasificatoria o taxonómica, de la investigación genética o histórica y de las indagaciones analíticas. Finalmente dele señalarse que el método funcional no es una invención reciente. El intento de Platón de definir «justicia» evaluando las actividades de un estado justo[56], y la concepción de Aristóteles sobre el alma como forma de comportarse de los cuerpos vivos[57], son ejemplos ilustres de análisis funcional. Así, también, el análisis de la causalidad hecho por Hume en términos de uniformidad en la sucesión, y el análisis de la materia efectuado por Berkeley en término de sus apariencias, son intentos importantes de definir conceptos sobrenaturales en términos naturales[58], de lavar ideas en ácido cínico, para usar la sugestiva frase de Holmes[59].

Si el análisis funcional parece una novedad en el Derecho, esto es, quizá, imputable al atraso general de la ciencia jurídica, que es el producto de factores sociales que no pueden ser exorcizados mediante nuevos *slogans*.

Con estas prevenciones contra la idea de que el enfoque funcional es una nueva invención intelectual que resolverá todos los problemas del derecho (o de la antropología, economía o de cualquier otra Ciencia), podemos pasar a la pregunta significativa: «¿Cuáles son las nuevas direcciones que el método funcional dará a nuestra investigación científica?».

---

56 Platón, *La República*.

57 Aristóteles, *De Anima*, 1, I; II, 1.

58 CE. James, *Pragmatism* (1908): «No hay en absoluto nada nuevo en el método pragmático. Sócrates era adicto al mismo. Aristóteles lo usaba metódicamente. Locke, Berkeley y Hume hicieron fundamentales contribuciones a la verdad «por ese camino» (pág. 50). Véase, también, «The pragmatic method», *Jour. of Philosophy*, t. 1, pág. 673 (1904).

59 «... el vago contorno de la noción de deber se achica, y ésta se hace, al mismo tiempo, más precisa, cuando la lavamos con ácido cínico y eliminamos de ella todo lo que no sea el objeto de nuestro estudio, el funcionamiento del derecho», Holmes, «The path of the law» (1897), *Harvard Law Review*, t. 10, págs. 657, 462.

El intento de responder a esta pregunta en el campo del Derecho, puede hallar precedentes sugestivos en otras ciencias sociales.

Aplicado al estudio de la religión, por ejemplo, el enfoque funcional ha significado un cambio de énfasis. Hay menos interés en sistematizar y comparar las creencias religiosas, y en establecer la génesis y la evolución de las religiones, y más interés en un estudio de las consecuencias de las diversas creencias religiosas en término? de motivación humana y estructura social. Ejemplos sobresalientes de esto son los estudios de Weber y Tawney sobre la influencia del protestantismo en el desarrollo del capitalismo moderno[60], y los ensayos de James sobre la significación psicológica que tienen para el individuo las diversas creencias religiosas[61]. El enfoque funcional pregunta, respecto de cada rito o dogma religioso: ¿Cómo opera? Cómo sirve para modelar las vidas de los hombres para poner coto a ciertas posibilidades de conducta y expresión, para homologar patrones aceptados de comportamiento, para producir o aliviar ciertas tensiones emocionales, para provocar solidaridad social, para establecer un fundamento que favorezca la acumulación de cultura al ofrecer una vida después de la muerte a las visiones, conquistas y pensamientos de los hombres[62]. La significación de un dogma religioso no se halla en un sistema de proposiciones teológicas, sino en un modo de comportamiento humano. El enfoque funcional exige descripción objetiva de esta conducta, en la cual se corporiza la significación de la creencia religiosa. Del mismo modo, el enfoque funcional en la física apresa la significación de un concepto físico en los procesos y operaciones efectivas del físico, y no en las interpretaciones teológicas o metafísicas que los físicos dan a sus propias actividades. Es una aplicación de este mismo enfoque la que descubre la significación de un principio jurídico en el comportamiento efectivo de los jueces, oficiales de justicia y litigantes, y no en la versión con-

---

60 MAX WEBER, *The protestant ethic and the spirit of capitalism* (tr. by Parsons, 1930); R, H. TAWNEY, *Religion and the raise of capitalism* (1926),

61 James, *The varieties of religious experience* (1902).

62 Cf. KAPLAN. *Judaism as a civilization* (1934), cap, 26 (*Functional method of interpretation*); ELWANG, *The social function of religious belief* (Univ. of Mo. Studies, Social Sciences series, vol. 2° n° 1, 1908); FOSTER, *The function of religion in man's struggle for existence* (1909).

vencional de los principios que los jueces, oficiales de justicia y litigantes se «supone» que siguen.

En la antropología, el método funcional representa un movimiento que se aparta de dos tipos de estudio: el informe y clasificación ingenuos de peculiaridades humanas llamativas; y el intento más elaborado de rastrear el origen histórico, la evolución y la difusión de «complejos». Aquéllos que han adherido al enfoque funcional (no todos los cuales han usado la palabra «funcional»), se han ocupado, primordialmente, de investigar las consecuencias sociales de diversas costumbres, creencias, ritos, arreglos sociales y pautas de conducta humana. Este enfoque ha conducido a fértiles campos que la mayoría de los investigadores anteriores pasaron por alto. En el estudio del arte primitivo, el nuevo centro del interés ha traído a primer plano el problema de las motivaciones y propósitos del artífice, la significación del arte como una fuerza individualizadora o socializadora, el problema de la interacción entre los materiales, las técnicas y las necesidades sociales[63]. El estudio de la organización social primitiva se ocupa más y más del significado funcional de la familia, clan y agrupaciones tribales en tanto que determinantes sociales en la producción, distribución y uso de la propiedad, al igual que en las relaciones humanas no económicas tales como la educación, religión, recreación, sexo y compañerismo[64]. En el estudio del Derecho primitivo, el enfoque funcional trae a primer plano el problema de los incentivos para la obediencia y la eficacia de estos incentivos, las técnicas de la aplicación del derecho, y las relaciones de rivalidad o complementación entre las sanciones jurídicas y otras fuerzas sociales[65]. Un uso similar del enfo-

---

63 Véase Roas, *Primitive art* (1927).

64 Véase Boas, *The social organization and the secret societies of the Kwakiutl indians* (1895); *Report of U.S. Nat. Museum*, pág. 315; Malinowski, *The family among the Australian aborigines* (1913); Lowie, *Primitive society* (1920); Goldenweise, *History, Psychology and culture* (1933), Parte III *(Totemismo)*; W. C. Mc Kern, *Functional families of the Patwin* (Univ. of Cali. Pub. in Amer. Archaelogy and Ethnology, vol. 13, n° 7).

65 Véase Malinowski, *Crime and custom in savage society* (1926); Hogbin, *Law and order in Polynesia* (1934). En su introducción al último libro, escribe Malinowski: «La antropología moderna se concentra, ante todo, en lo que hoy se llama la función de una costumbre, creencia o institución. Por función entendemos la parte que desempeña cualquier factor de una cultura dentro del esquema general».

que funcional es característico de la moderna ciencia política, en la cual el alzamiento contra la teoría clásica de la soberanía, de índole sobrenatural, es un punto de acuerdo que une a las más diversas escuelas del pensamiento contemporáneo. La siguiente afirmación es típica:

> «Por instituciones entendemos simplemente pautas de conducta colectivas, los modos en que una comunidad lleva a cabo las innumerables actividades de la vida social... La sociedad alcanza ciertos resultados a través de acciones políticas colectivas. Los medios que usa son las pautas de comportamiento que llamamos tribunales, cuerpos legislativos, comisiones, electorados, administración. Nosotros idealizamos estas instituciones colectivas y las personificamos en el Estado. Pero esta idealización es pura fantasía. El Estado como persona jurídica o ideal es la ficción máxima. Sólo es real como un nombre colectivo para instituciones gubernamentales»[66].

Bajo la influencia del enfoque funcional la teoría política deja de ser una ciencia de formas puras y, cada vez más, se ocupa de los motivos psicológicos y de las fuerzas tecnológicas que funcionan a través de los instrumentos políticos.

En la economía hemos asistido a un desplazamiento similar en la investigación que antes se orientaba al análisis taxonómico o sistemático de las «normas» económicas, y ahora al estudio de la conducta económica efectiva de los hombres y las naciones. La acusación de Veblen contra la teoría económica clásica puede ser aplicada palabra por palabra a la teoría jurídica clásica, si cambiamos simplemente los términos «económico» y «economista» por «jurídico» y «jurista»:

> «El punto de vista de los *economistas* clásicos en sus síntesis y generalizaciones más altas o definitivas, puede sin ineptitud ser llamado el punto de vista de la adecuación ceremonial... En efecto, esta preconcepción atribuye a las cosas una tendencia a operar lo que el adiestrado sentido común del momento acepta como fin adecuado o valioso del esfuerzo humano... Este ideal de conducta es utilizado a modo de canon de verdad.

[66] W, J, SHEPARD, *D emocracy in transition* (1935), *Am. Pol. Sci. Rev.*, 29, pág. 1 (1935); cf. H, J. LASKI, *Grammar of Politics* (2ª edición, 1929); W. Y. ELLIOTT, *The pragmatic revolt in politics* (1928).

«Las metáforas son efectivas, en su uso homilético y en tanto que método para ahorrar trabajo, más efectivas de lo que el usuario quiere que sean. Mediante su uso el teórico queda serenamente capacitado para evitarse seguir un elusivo camino de secuencia causal... El esquema al que se llega es espiritualmente obligatorio para el comportamiento de los fenómenos contemplados... Las características del proceso que no se prestan a ser interpretadas en términos de la fórmula son casos anormales que responden a factores de perturbación. En todo esto, los agentes o fuerzas que operan causalmente en la vida *económica* son limpiamente evitados. El resultado del método es, en el mejor de los casos, un cuerpo de proposiciones lógicamente consistentes que se refieren a las *relac*iones normales de las cosas, un sistema de taxonomía económica»[67].

El mismo «punto de vista de la adecuación ceremonial» ha caracterizado en alguna medida los trabajos de nuestros juristas clásicos, maestros del derecho tales como Beale, Williston e incluso Wigmore. Para ellos, como para los economistas clásicos, fue fácil evitar «un camino elusivo de secuencia causal». Los principios, concebidos como «espiritualmente obligatorios para el comportamiento de los fenómenos contemplados», desviaron su atención de los duros hechos del mundo jurídico —las motivaciones humanas y los prejuicios sociales de los jueces, el estirarse o el encogerse de los precedentes en cada lavado, los «arreglos» de los jurados y el hecho de la legislación— y al mismo tiempo desviaron su atención de la tarea de la crítica jurídica[68].

Pienso que la era de los juristas clásicos ha terminado. El «Restatement of the Law» confeccionado por el American Law Instituto es el último estertor de una tradición que muere[69]. Los más inte-

---

67 VEBLEN, *Why is Economia not an evolutionary science,* en «*The place of Science* in *modera* civilization» (1919), págs. 56. 65/67.

68 Decir esto no significa negar que dichos estudiosos del derecho han rendido un importante servicio a] clarificar las implicaciones lógicas y las inconsistencias de las doctrinas judiciales. Tal análisis es útil, pero no es la suma y la sustancia de la ciencia jurídica. Cf. F. S. COHEN, «Ethical systems and legal ideals» (1933), págs. 235-237.

69 Véase M. FRANKLIN, «The historie function of the American Law Institute: Restatement as transitional to codification», *Harvard Law Review*, t. 47, pág. 1367 (1934); y cf. PATTERSON, «The restatement of the law of contracts», *Columbia Law Review*, t. 33, pág. 397 (1933); E. S. ROHINSON, «Law-An unscientific science», *Yale L. J.*, t. 44, pág. 235, 261 (1935).

ligentes entre nuestros jóvenes profesores y estudiantes de Derecho no tienen interés en «reformular» los dogmas de la teología jurídica. Habrá en el futuro, por supuesto, imitadores y continuadores de los juristas clásicos. Pero pienso que los pensadores jurídicos del futuro realmente creadores no se dedicarán, a la manera de Williston, Wigmore, y sus colegas, a la taxonomía de los conceptos jurídicos y a la explicación sistemática de principios de «justicia» y «razón», apoyados en casos «correctos». El pensamiento jurídico creador mirará más y más por detrás del simétrico despliegue de casos «correctos» en busca de los hechos efectivos de la conducta judicial; hará uso intensivo de los métodos estadísticos para la descripción científica y la predicción de la conducta judicial; se esforzará más y más por trazar el mapa de las fuentes ocultas de la decisión judicial y por pesar las fuerzas sociales representadas en la magistratura. Y desde el punto de vista crítico, pienso que el pensamiento jurídico creador mi rará más y más por detrás de los principios tradicionalmente aceptados de «justicia» y «razón» para apreciar en términos éticos los valores sociales en juego en cualquier elección entre dos precedentes.

¡Los «pautas valorativas sociales»! (*social policy*) serán captadas no como un factor de emergencia en el razonamiento jurídico, sino como el campo de gravitación que da peso a cualquier regla o precedente, tanto en el campo del derecho constitucional, como en el del derecho de las marcas de fábrica o en los detalles más técnicos del procedimiento jurídico.

En este cambio en las sendas de la investigación jurídica, va implicado un cambio en las necesidades de equipo para el estudiante de Derecho. La familiaridad con las palabras de las opiniones judiciales del pasado y la habilidad en la manipulación de los conceptos jurídicos, no es suficiente para el estudiante que trata de entender las fuerzas sociales que controlan la conducta judicial, ni para el abogado que intenta usar estas fuerzas[70].

Los intereses creados de nuestras facultades de derecho en una ciencia jurídica "independiente», resultan socavados por cada avan-

[70] Las implicaciones que tiene el método funcional para la enseñanza del derecho son cuidadosamente examinadas por KEYSERLING, «Social objectives in *legal* education», *Columbia Law Review*, t. 33, pág. 437 (1933).

ce de nuestro conocimiento de los antecedentes y consecuencias sociales de la decisión judicial. En las facultades de derecho conscientes de tales progresos es cuestión de discreción admitir que la ciencia jurídica nos lleva necesariamente al campo de la psicología, economía y teoría política. Los cursos en nuestras facultades de derecho más progresistas están empezando a ocuparse, con suma cautela, de las doctrinas psicológicas involucradas en nuestras reglas de prueba, de las teorías sociológicas presumidas por nuestro derecho penal, de los presupuestos económicos de nuestras doctrinas de derecho constitucional, y de los *hechos* psicológicos, sociológicos y económicos que dan fuerza y significación a las regias y a las decisiones en estos y en otros campos del derecho. Los primeros pasos dados son torpes y provocan sonrisas de simpatía o atronadoras carcajadas, según el temperamento de los críticos. Pero la voluntad de andar persiste.

Para el abogado, no menos que para el estudioso del derecho, el manejo de materiales hasta ahora considerados «no jurídicos», asume creciente importancia. Y los tribunales que cierran sus puertas a tales materiales no jurídicos, depositando los tabús del derecho de la prueba sobre los hechos y argumentos que revelan el significado social funcional de una pretensión o de un precedente jurídico, aprenderán con el tiempo que la sociedad tiene otros órganos, las legislaturas, las comisiones parlamentarias y los organismos administrativos de diverso tipo, que están deseosos de manejar, en forma directa, los materiales, estadísticos y descriptivos, que una magistratura demasiado escrupulosa desdeña.

CAPÍTULO III

LOS USOS DEL MÉTODO FUNCIONAL EN EL DERECHO

La significación del método funcional en el campo del derecho se clarifica si consideramos el impacto de este método sobre cuatro problemas jurídicos tradicionales: (1) La definición del derecho; (2) La naturaleza de las reglas y conceptos jurídicos; (3) La teoría de las decisiones jurídicas; y (4) El papel de la crítica jurídica.

1. La definición del Derecho

El punto de partida del análisis funcional en la teoría jurídica norteamericana se encuentra en la definición del Derecho de Holmes: «las profecías de lo que los tribunales efectivamente harán». Es en «*¿a senda del Derecho*»[71] donde esta concepción jurídica realista es claramente formulada por vez primera:

> «Si queréis conocer el Derecho y nada más, mirad el problema con los ojos del mal hombre, a quien sólo le importan las consecuencias materiales que gracias a ese conocimiento puede predecir; no con los del buen hombre que encuentra razones para su conducta —dentro o fuera del Derecho— en los mandamientos de su conciencia... Tomad por ejemplo, la pregunta fundamental. ¿Qué es el Derecho? Encontraréis que ciertos autores os dirán que es algo distinto de lo que deciden los tribunales de Massachusetts o de Inglaterra, que es un sistema de la razón, que

[71] HOLMES, «Path of the Law», *Harvard Law Review*, t. 10, págs. 457, 459-461 (1897); *Collected legal papers* (1921), págs. 167, 171-173. Una definición precisa, siguiendo a HOLMES, aparece en C. J. KEYSER, «On the study *of* legal science», *Yale L. J.*, t. 38, pág. 413 (1929).

es deducción a partir de principios de ética o axiomas universalmente aceptados, o cosa parecida, que puede o no coincidir con las sentencias judiciales. Pero si aceptamos el punto de vista de nuestro amigo el mal hombre, veremos que a éste le importan un bledo los axiomas o deducciones, pero que en cambio le interesa saber qué es lo que en efecto han de resolver probablemente los tribunales de Massachusetts o de Inglaterra. Yo opino de manera bastante parecida. Yo entiendo por «Derecho» las profecías acerca de lo que los tribunales harán en concreto; nada más ni nada menos.»

Una considerable y estéril polémica ha surgido de los intentos de mostrar que esta definición del Derecho («la forma en que los tribunales deciden efectivamente los litigios») es verdadera o falsa[72], Una

---

[72] Véanse ejemplos de este razonamiento en DICKINSON, «Legal rules: Their function in the process of decisión», *U. of Pa. Law Rev.*. L 79, pág. 833 (1931); H. KANTOROWICZ, «Some rationalism about realism., *Vale L.J.*, t. 43, pág. 1240 (1934); FRANK, *Law and the modern mind* (1930), págs. 127-128. He analizado en otra parte el círculo vicioso en que incurre Dickinson en su intento de refutar la definición realista del derecho. Véase F. S. Cohen, *Ethical systems and legal ideals* (1933), pág. 12, N° 16. KANTOROWICZ repite el mismo argumento, subrayando el cargo de que una definición del derecho en términos de decisiones judiciales «coloca la carreta adelante de los bueyes'' y es tan ridícula como una definición de la medicina en términos del comportamiento de los médicos. El paralelo» aunque ingenioso, es inadecuado: La analogía correcta con una definición de la ciencia del derecho como descripción de la conducta de los jueces sería una definición de la ciencia de la medicina como descripción del comportamiento de ciertos parásitos, etcétera. KANTOROWICZ acepta sin examen crítico el presupuesto metafísico de que la definición es un tránsito en una sola dirección desde algo más general a algo menos general. Pero la lógica moderna ha demostrado la vacuidad de esta presuposición. Para ciertos fines es útil definir a los puntos como funciones de líneas. Para otros, es útil definir a las líneas como funciones de puntos. Es tan lógico definir al derecho en términos de lo que hacen los tribunales como definirlo de la otra manera. La elección es una cuestión de conveniencia, no de lógica o de verdad.

La misma falacia metafísica vicia el argumento opuesto expresado por FRANK, a saber, que la realidad «primaria» es particular y concreta, de modo que una definición del derecho tiene que ser necesariamente formulada en términos de decisiones efectivas. Según la lógica moderna el mundo contiene cosas relaciones, y ninguna de estas puede pretender un grado superior de realidad. Se puede iniciar una disputa o una investigación científica ya con un hecho concreto, ya con un principio general.

definición del Derecho es *útil o inútil*. No *es* más *verdadera* o *falsa* que una resolución de Año Nuevo o una póliza de seguro. Una definición es, en efecto, un tipo de seguro contra ciertos riesgos de confusión. No puede, como tampoco puede hacerlo una póliza de seguro comercial, eliminar todos los riesgos. La certeza absoluta es tan ajena al lenguaje como a la vida. No hay seguridad final frente a la insolvencia del asegurador. Y las palabras de una definición siempre llevan consigo su propio halo de ambigüedad. Pero una definición es útil si asegura contra riesgos de confusión más serios que los que la definición en sí misma contiene.

La expresión «lo que los tribunales hacen» no está completamente exenta de ambigüedad. Existe posibilidad de desacuerdo acerca de lo que es un *tribunal;* si lo son, por ejemplo, la Comisión para el Comercio Interestadual (Interstate Commerce Commission), o la Corte de La Haya, o el Consejo Tribal de los Tesuque; si actúa como un tribunal el Juez que se extralimita en el ejercicio de las atribuciones que habrá de reconocerle la rama ejecutiva del gobierno. Puede haber incluso desacuerdo respecto de la línea de separación entre lo que los tribunales *hacen* y lo que los tribunales *dicen,* en vista del hecho de que la mayor parte de la conducta de los jueces es verbal. Pero estas fuentes de ambigüedad en la definición de Holmes son periféricas más que centrales, y pueden ser fácilmente neutralizadas. Son, por lo tanto, fuentes de confusión mucho menos peligrosas que la ambigüedad fundamental inherente en la definición clásica del Derecho, que encierra una confusión entre lo que es y lo que debe ser.

La confusión clásica contra la que se alza la concepción jurídica realista, está ejemplificada en la tradicional definición de Blackstone, para quien el Derecho es «una regla de conducta social prescripta por el poder supremo de un Estado, que ordena lo que es justo y prohíbe lo que es injusto»[73].

En esta definición nos damos con el intento de unir dos ideas incompatibles que, en la tradición de la teoría jurídica inglesa, están estrechamente asociadas, sobre todo, con los nombres de Hobbes y Coke, respectivamente,

---

[73] Blackstone, *Comentaries*, 44.

Hobbes, el abuelo de la teoría jurídica realista, consideraba el Derecho como las órdenes o mandatos de un cuerpo en favor del cual los individuos particulares han abdicado su fuerza. Un estado de naturaleza está caracterizado por la guerra de todos contra todos. Para conseguir la paz y seguridad, cada individuo abandona algo de su libertad, algo de su poder, y las órdenes o mandatos del poder colectivo, el Estado, constituyen el Derecho.

La concepción jurídica de Hobbes ha sido muy impopular entre los ciudadanos respetables, pero me atrevo a pensar que la mayor parte de las críticas que se le han dirigido en los últimos doscientos cincuenta años tienen por fundamento una mala inteligencia de lo que Hobbes quería significar por «estado de naturaleza». Tal como lo veo, Hobbes nunca alude al estado de naturaleza en tanto que etapa histórica real, al cabo de la cual los hombres se reunieron y firmaron un contrato. El estado de naturaleza es una etapa en el análisis, en lugar de ser una etapa histórica. Existe hoy y ha existido siempre en mayor o menor grado en diversos dominios de la actividad humana. En la medida en que cualquier relación social se encuentra libre del contralor del gobierno, ella presenta lo que Hobbes llama «un estado de naturaleza».

En las relaciones internacionales del presente, por lo menos en la medida en que las naciones no han abdicado su poder mediante tratados que establecen órganos de gobierno internacional tan rudimentarios como la Liga de las Naciones o la Unión Postal Universal, existe de hecho un estado de naturaleza y una guerra de todos contra todos. Esta guerra, tal como insiste Hobbes, está presente en potencia antes de que estallen las hostilidades. No sólo en el campo de las relaciones internacionales encontramos esta guerra de todos contra todos; también nos damos con ella en el campo de las relaciones industriales, en aquellas zonas a las cuales no se ha extendido aún el contralor gubernamental o de las que éste se ha retirado, si existía previamente.

Las concesiones recíprocas y las delegaciones de poderes que presupone un contrato de arbitraje, un tratado internacional, un «codigo industrial», una fusión de sociedades, o un contrato colectivo de trabajo, son pasos en la creación del gobierno y hacen entrar en juego nuevas reglas de derecho y nuevos organismos de aplicación. Los gobiernos no surgen de una vez para siempre. El control gubernamental está apareciendo hoy en muchas zonas de la vida comunitaria y aparece dondequiera los individuos hallan intolerables los conflictos propios de un estado de naturaleza. El proceso mediante el cual se crea el gobierno y se formulan sus mandatos es un proceso de intercambio y discusión humanos *(human bargaining)*, fundado en el consentimiento efectivo, pero contrapesado por el poder relativo de los individuos o grupos en conflicto.

En toda esta concepción del Derecho, no hay referencia alguna a la razón o a la bondad. El derecho exige obediencia no a causa de su bondad o de su justicia o de su carácter racional, sino por el poder que lo sustenta. Aunque este poder se apoya en medida efectiva en creencias populares acerca del valor de ciertos ideales jurídicos, sigue siendo verdad hoy lo que Hobbes expresara en su *"Diálogo sobre el Common Law»*, «En cuestiones de gobierno, cuando no aparece otra cosa, bastos son triunfos»[74].

Muy distinta de esta concepción realista del derecho es la teoría, hecha famosa por Coke, de que el derecho es sólo la perfección de la razón[75]. Es ésta una idea que ha tenido fuerza considerable en la historia constitucional norteamericana, habiendo servido primero como una base para la revolución popular contra las violaciones tiránicas del «derecho natural» y de los «derechos inalienables» de los ingleses, y, más recientemente, como un fundamento judicial para negar legitimidad a aquellas leyes que los jueces consideran «irrazonables». Sería absurdo desconocer la importancia de este concepto de derecho natural o justicia en tanto que *standard* para juzgar los actos de los que mandan, ya sean actos legislativos, ejecutivos o judiciales. Claro está, empero, que la validez de este concepto del Derecho se encuentra en un reino de valores, que no es el reino de las vigencias sociales.

La confusión y ambigüedad que afecta la concepción clásica del derecho, tal como ha sido formulada por Blackstone e implícitamente

---

74 Hobbes, *Dialogue between a philosopher and a student of the common law of England* (1681). "Of punishments".

75 Co. Litt., 976.

aceptada por la mayoría de los autores modernos, resulta del intento de mezclar dos ideas inconsistentes. Blackstone se propone, en efecto, superponer la imagen del Derecho diseñada por un hipócrita de espíritu blando, Coke, y el cuadro realizado por un cínico de espíritu rudo, Hobbes, y darnos así una composición fotográfica. El Derecho, dice Blackstone, es «una regla de conducta social prescripta por el poder supremo de un Estado (aquí habla Hobbes) que ordena lo que es justo y que prohíbe lo que es injusto (aquí habla Coke)»[76]. Al colocar estas dos ideas una al lado de la otra, suscitamos una rica fuente de confusiones, que muchos importantes estudiosos del Derecho desde: Blackstone hasta nuestros días han considerado tan útil en las controversias jurídicas como la tinta con la que el pulpo confunde a sus enemigos.

Aquellos teóricos del Derecho que adhieren a la definición de Blackstone están en condiciones de manejar las ideas jurídicas como les plazca sin temor de ser refutados. Si las legislaturas o los tribunales están en desacuerdo con una teoría dada, cuesta poco trabajo mostrar que la disidencia es injusta, irrazonable, monstruosa y que, por lo tanto, no es «verdadero derecho». Por otra parte, al moralista entremetido que cuestiona una doctrina jurídica en razón de que es injusta o indeseable, puede invitársele a retornar al reino de la moralidad de donde vino, puesto que el derecho es la orden del soberano y no un objeto de la teoría moral. Quizá la principal utilidad de la teoría de Blackstone está en la mordaza que coloca sobre la crítica jurídica. Obviamente, si el Derecho es algo que ordena lo que es justo y prohíbe lo que es injusto, es imposible discutir acerca de la bondad o maldad de cualquier ley, y una definición que disuada a los críticos del Derecho resulta muy útil para los apologistas jurídicos del orden social existente. Tal como afirma un autor moderno que se ha ocupado del razonamiento jurídico: «De ese modo todas las cosas que han recibido el sello jurídico son al propio tiempo jurídicamente éticas porque son Derecho, y el Derecho debe ser considerado ético o de lo contrario, el sistema mismo habrá de perecer»[77].

---

[76] Que «justo» («right») e «injusto» («wrong») son usados en esta definición como términos éticos, y no estrictamente jurídicos, resulta claro de la exegesis que el propio Blackstone hace de su definición. Comm. 54-55.

[77] BRUMBAUGH, *Legal reasoning and briefing* (1917), pág. 7.

2. La naturaleza de las reglas y conceptos jurídicos

Si los funcionalistas están en lo cierto el significado de una definición se halla en sus consecuencias. La definición de un término general como '«Derecho» tiene significación sólo porque afecta todas nuestras definiciones de los conceptos jurídicos específicos.

La consecuencia de definir el derecho como una función de las decisiones judiciales concretas es que podemos proceder a definir de la misma manera conceptos tales como «contrato», «propiedad», «título», «persona jurídica», «derecho subjetivo» y «deber». Es decir, también como funciones de decisiones judiciales concretas.

La consecuencia de definir el Derecho como una mescolanza de fuerza política y valor ético amalgamado en forma ambigua es que cada uno de los conceptos, reglas, o problemas jurídicos presentarán una ambigüedad similar.

Consideremos, por ejemplo, el elemental problema jurídico de saber si en un caso determinado hay contrato.

Cuando los realistas se plantean este problema, dirigen su preocupación a la conducta efectiva de los tribunales. Para los realistas la relación contractual, como el Derecho en general, es una función de las decisiones jurídicas. La cuestión de lo que los tribunales *deben* hacer es aquí irrelevante. Donde hay una promesa cuyo cumplimiento será compulsivamente obtenido por la acción de los órganos jurídicos, hay contrato. Así concebidas las cosas, cualquier respuesta a la pregunta «¿Hay contrato?» debe consistir en una profecía fundada, como toda profecía, sobre hechos pasados y presentes. Así concebidas las cosas, la pregunta «¿Hay contrato?», puede ser descompuesta en un cierto número de preguntas subordinadas, cada una de las cuales apunta a la conducta efectiva de los tribunales: (1) ¿Qué tribunales intervendrán, probablemente, en la decisión de los conflictos que se originen a raíz de una transacción dada? (2) ¿Qué elementos de dicha transacción serán considerados relevantes por aquellos tribunales? (3 ¿Qué han hecho en el pasado esos tribunales frente a transacciones *similares* a la que nos preocupa, es decir *idénticas a ésta en todos aquellos aspectos que el tribunal reputará importantes?* 4) ¿Qué fuerzas presionarán sobre los jueces para que éstos se atengan a los precedentes que parecen aplicables (v. gr,: inercia; espíritu conservador; conocimiento del pasado o inteligencia suficiente para adquirirlo; respeto por los predecesores» por los tribunales de *más* alta jurisdicción o por los colegas; un hábito de no contrariar las expectativas establecidas del foro o del público en general) *y* qué poderío tienen esas fuerzas? (5) ¿Qué factores estarán presentes para estimular un tratamiento judicial nuevo de la transacción que nos preocupa (v. gr.: cambios en la opinión pública; los prejuicios y la idiosincrasia de los jueces; teorías recientemente aceptadas sobre el Derecho, la sociedad o la economía; o el mutable contexto social del caso) y qué grado de poderío tienen estos factores?

Estas son las cuestiones que un exitoso abogado práctico enfrenta y resuelve en cada caso. El Derecho, en el significado que los juristas realistas dan a la palabra, no es otra cosa que el cuerpo de respuestas a aquellas preguntas. La tarea de predicción no envuelve en sí ningún juicio sobre valores éticos. Por supuesto, aun el más cínico de los abogados prácticos no dejará de reconocer que las creencias ética» de los jueces positivamente existentes son hechos relevantes en cualquier caso, porque ellas determinan qué hechos serán considerados importantes por el juez y qué reglas del pasado serán reputadas por éste razonables o irrazonables y dignas de ser extendidas o restringidas. Pero las creencias judiciales acerca de los valores de la vida y de los ideales de la sociedad son *hechos,* del mismo modo que las creencias religiosas de los habitantes de la isla de Andaman son hechos, y la verdad o falsedad de tales creencias morales es una cuestión absolutamente ajena al jurista práctico, como lo es al observador científico.

Lavados con ácido cínico, todos los problemas jurídicos pueden ser interpretados así como cuestiones concernientes al comportamiento positivo de los jueces.

Nuestra pregunta tipo «¿Hay contrato?» puede recibir un segundo significado, radicalmente distinto del anterior. Cuando un juez se formula esta pregunta al redactar una sentencia, no está tratando de predecir su propio comportamiento. Lo que está haciendo es plantearse, en forma oscura, el problema de si se *debe* o no atribuir responsabilidad a alguien por ciertos actos. Esta es, inescapablemente, una cuestión ética. Lo que un juez debe hacer en un caso dado es un problema tan moral como los tradicionales problemas de moralidad que se examinan en las Sunday Schools[78].

Es difícil para aquellos que todavía conciben a la moralidad en términos ultraterrenos reconocer que cada caso plantea una cuestión moral al tribunal. Pero esta idea no atemoriza a aquellos que conciben a la moralidad en términos terrenales. La moralidad, así concebida, está vitalmente referida a hechos tales como expectativas humanas apoyadas en decisiones del pasado, la estabilidad de las transacciones económicas, y aun el mantenimiento del orden y de la simplicidad en nuestro sistema jurídico. Si los valores éticos son inherentes a todos los dominios del comportamiento humano, la adecuada apreciación ética de una situación jurídica no se halla en la efusión de una conciencia emotiva no familiarizada con el contexto social, con la línea de los precedentes y con las prácticas y expectativas, jurídicas y extrajurídicas, que han crecido en torno a un tipo dado de transacciones.

El más flaco servicio que presta la concepción tradicional del Derecho es que oculta de la mirada de los jueces el carácter ético de toda decisión judicial, y sirve así para perpetuar los prejuicios de clase y las suposiciones morales no críticas, que no podrían subsistir a la luz solar de la libre controversia ética.

La concepción del Derecho de Blackstone como algo semimortal y semidivino nos proporciona una concepción mística del contrato. Cuando un maestro de la teoría jurídica clásica como Williston se formula la pregunta «¿Hay contrato?», no tiene en mira ni el problema de la predicción científica que el abogado práctico enfrenta, ni el problema valorativo que enfrenta el juez consciente. Si tuviera en mira el primer problema, sus estudios mostrarían sin duda la medida en que los tribunales dan de hecho sanción a los diversos tipos de obligaciones contractuales[79]. Sus conclusiones estarían formuladas en tér-

---

[78] Cf. F. S, Cohen, «Modem Ethics and the law», *Brooklyn L. Rev.*, t. 4, pág. 33 (1934). Allí se examina la concepción de la «Sunday School morality».

[79] Tan arraigado se encuentra en la tradición jurídica el ignorar los hechos de los casos que un jurista distinguido, el profesor Goodhart, puede sostener con toda seriedad que es muy peligrosa la práctica adoptada por algunas bibliotecas de derecho norteamericanas de ofrecer a los lectores la posibili-

minos de probabilidad y estadísticas. Por el otro lado, si el profesor Williston estuviera interesado en los aspectos éticos de la responsabilidad contractual, ofrecería sin duda un balance significativo de los valores humanos y costos sociales implicados en los diferentes tipos de acuerdos y en los medios para hacerlos efectivos. En los hechos, sin embargo, el análisis de Williston oscilará entre una teoría de lo que los tribunales hacen y una teoría de lo que los tribunales deben hacer, sin detenerse en ninguno de los planos de las vigencias sociales o en el plano de los valores el tiempo suficiente para atacar problemas realmente importantes. Este vagabundeo confuso entre el mundo de los hechos y el mundo de la justicia invalida todas las discusiones y todos los análisis.

La claridad intelectual exige que distingamos cuidadosamente entre los dos problemas de (1) la descripción objetiva y (2) el juicio crítico que la teoría jurídica clásica mezcla en la misma frase. La teoría jurídica realista se hace cargo de tal distinción al expresar su doble tesis: (1) que cada regla o concepto jurídico no es más que una función de las decisiones judiciales, siendo aquí los problemas de valor irrelevantes; (2) que el problema del juez no es el de saber si una regla o concepto jurídico existe de hecho sino el de saber si *debe* existir. De esto resulta claridad en los dos frentes. La descripción de los hechos jurídicos se hace más objetiva, y el criticismo jurídico se hace más crítico.

Cuando el jurista realista se propone descubrir cómo están manejando los tribunales ciertas situaciones, buscará de elevarse por encima de sus propios prejuicios morales y descontará los prejuicios morales del autor cuyo tratado consulte.

El escritor jurídico realista no enturbiará sus descripciones de la conducta judicial con la expresión de sus deseos personales; si una decisión o una línea de decisiones no son de su agrado, se abstendrá de decir «Esto no puede ser el Derecho porque está reñido con sólidos

---

dad de consultar los expedientes de los casos. Los estudiantes pueden apartarse de la *ratio decidendi* oficial *y tratar* de descubrir cuáles han sido los hechos del caso, lo que constituiría un golpe fatal para la teoría jurídica tradicional. Véase GOODHART, «Determining the ratio decidendi of a case», *Yale L.J.*, t. 40, págs. 161, 172 (1930).

principios», y en lugar de ello dirá «Este es el Derecho pero a mí no me gusta», o, más útilmente, «Esta regla conduce a los siguientes resultados, que son socialmente indeseables por las siguientes razones...

El abogado práctico realista, si continúa usando el lenguaje ritual para dirigirse a un tribunal no realista, por lo menos no se engañará con sus propias palabras: empleará sus «golpes de varita mágica» para provocar actitudes judiciales favorables y, al mismo tiempo, para desviar la atención judicial de aquellos precedentes o hechos que no le convienen (tal como el mago profesional usa su «golpes de varita mágica» para desviar la atención de los espectadores de ciertos hechos). Advirtiendo la circularidad de muchos argumentos conceptuales, el abogado práctico realista tratará de traer ante el tribunal los valores humanos que militan en favor de su causa, y como a menudo las reglas de procedimiento son un obstáculo para ello, recurrirá a algún acto de prestidigitación para llamar la atención de los jueces sobre su material mediante el recurso a un «memorial de corte sociológico», mediante una discusión de los antecedentes y consecuencias de los casos pasados citados como precedentes, mediante la elaboración y la exégesis de la prueba admisible, o aun mediante un discurso político o una conferencia sobre economía insertados en el alegato final.

El juez realista, por último, no se engañará a sí mismo ni a los demás fundando decisiones en razonamientos circulares a partir de la presencia o ausencia de «personas jurídicas», «acuerdos dolosos» (*conspiracies*), «derechos de propiedad», «títulos», «contratos», «causa próxima» u otros derivados jurídicos de la propia decisión judicial. En lugar de ello, apreciará con franqueza los valores humanos en conflicto que se enfrentan en toda controversia, valorará la importancia social de los precedentes en que cada uno de los reclamos se apoya, abrirá la Sala de Audiencias a toda la prueba que pueda echar luz sobre esta delicada tarea práctica de ajuste social, y enviará al paraíso de los conceptos jurídicos de Jhering a todos aquellos abogados que no tengan otra habilidad que la de la acrobacia conceptual.

3. La teoría de las decisiones jurídicas

Los usos del enfoque funcional no son agotados por la «teoría jurídica realista». La «teoría jurídica realista», tal como se usa habitualmente esta expresión[80], es una teoría sobre la naturaleza del derecho, y en consecuencia, una teoría sobre la naturaleza de las reglas jurídicas, de los conceptos jurídicos y de las cuestiones jurídicas. Su esencia es la definición del Derecho en tanto que función de las decisiones judiciales. Esta definición tiene un valor tremendo en el desarrollo de la ciencia jurídica, dado que nos habilita para eliminar la bruma sobrenatural que circunda el orden jurídico y para manejar los elementos del orden jurídico en términos objetivos y científicos. Pero este proceso de definición y clarificación es sólo una etapa preliminar en la vida de la ciencia jurídica. Cuando hemos analizado las reglas y los conceptos jurídicos en tanto que pautas de decisiones, se hace relevante preguntar «¿De qué están hechas las decisiones judiciales?».

Si concebimos a las reglas y a los conceptos jurídicos como funciones de las decisiones judiciales, es conveniente, a los fines de este análisis, ver en estas decisiones hechos puros y simples. Al igual que todo hecho físico puede ser analizado como un complejo de electrones positivos y negativos, así toda institución jurídica, toda regla o concepto jurídico puede ser analizado como un complejo de decisiones en favor del actor o en favor del demandado. Pero la simplicidad es relativa al nivel del análisis. Para el químico, el átomo es el término más bajo del análisis. Pero el físico no puede detener el proceso de análisis en el átomo o aun en el electrón. Sería una herejía a la fe en la ciencia pretender que goza de simplicidad final e inmunidad perpetua frente a análisis ulteriores. Infortunadamente, ciertos defensores de la teoría jurídica realista, después de usar el método funcional para reducir las reglas y los conceptos a decisiones atómicas, se rehúsan a seguir con el proceso analítico. Y parecen dispuestos a ver en estas decisiones productos simples no analizables de «pálpitos» (*hunches*) o de malas digestiones de los jueces.

---

[80] Véase K. N. LLEWELLYN, «A realistic jurisprudence -The next step», *Columbia Law Review*, t. 30, pág. 431 (1930); POUND, «The call for a realistic jurisprudence», *Harvard Law Review*, t. 44, pág. 697, (1931); LLEWELLYN, «Some realism about realism: Responding to Dean Pound», *Harvard Law Review*, t. 44 pág. 1222 (1931).

La teoría del «pálpito» en el derecho[81], al magnificar los factores personales y accidentales en la conducta de los jueces, niega implícitamente la relevancia de los factores sociales significativos y predecibles que gobiernan el curso de la decisión judicial. Aquellos que han expresado este punto de vista han prestado un servicio real, al señalar el enorme campo de incertidumbre que se da en el derecho efectivo. Pero la experiencia real revela un cuerpo importante de uniformidad predecible en el comportamiento de los tribunales. El derecho no es una masa de decisiones desconectadas ni un producto de los cólicos estomacales de los jueces. Los jueces son humanos, pero ellos son una especial casta de seres humanos, seleccionados y conservados en servicio bajo un potente sistema de controles gubernamentales. Sus actos son «judiciales» dentro de un sistema que establece apelaciones, revisiones, juicios políticos y legislación. La decision que es «peculiar» sufre erosión, a menos que represente la primera manifestación exterior de una nueva fuerza social, en cuyo caso pronto deja de ser peculiar. Es más útil analizar un «pàlpito» judicial en términos del impacto continuado del estudio de un juez sobre los precedentes, sus conversaciones con sus colegas, la lectura de los diarios y sus recuerdos de los cursos universitarios, que en términos estrictamente fisiológicos.

Una teoría verdaderamente realista de las decisiones judiciales tiene que concebir cada decisión como algo más que una expresión de personalidad individual. Tiene que concebirla como algo que es al mismo tiempo, y ello es más importante, una función de fuerzas sociales, es decir, un producto de determinantes sociales y un índice de consecuencias sociales. Una decisión judicial es un acontecimiento social. Como la sanción de una ley federal, o el equipamiento de los autos de policía con radios, una decisión judicial es una intersección de fuerzas sociales: detrás de la decisión hay fuerzas sociales que actúan sobre ella para darle una dirección; más allá de la decisión hay

[81] Véase Hutcheson, «The judgment intuitive: The function of the «hunch» in judicial decisions», *Corn. L. Q.*, t. 14, pag. 274 (1929); Hutcheson, «Lawyer's law and the little, small dice», *Tulane Law Rev.*, t. 7, pag, 1 (1932); Frank, *Law and the modern mind* (1930), cap. 12-13; T. Schroeder, «The psychology study of judicial opinions'', *Calif. L, Rev.*, t. 6, p, 89.

actividades humanas afectadas por ella. La decisión pierde sus dimensiones de significación social cuando es contemplada simplemente en el momento en que es dictada. Sólo investigando detrás de la decisión en busca de las fuerzas que la misma refleja, o proyectando más allá de ella las líneas de su fuerza en el futuro, llegamos a una comprensión del significado de la decisión misma. La distinción entre «holding» y «dictum» en cualquier decisión no ha de ser descubierta mediante el examen lógico de los considerandos o mediante la investigación histórica de los hechos efectivos del caso[82]. Aquella distinción nos obliga a una predicción, una profecía del peso que los tribunales darán a las citas futuras de la decisión adoptada. Esta cuestión no es de pura lógica, sino de psicología, economía y política humanas.

¿Cuál es el significado de una decisión judicial, resumida en las palabras «Sentencia en favor del actor»? Obviamente, la significación de la decisión, aún para las partes directamente implicadas en el caso, depende de ciertas uniformidades predecibles de conducta oficial, a saber, de que un oficial de justicia hará ejecutar la decisión en una u otra forma dentro de un período de tiempo; que la decisión será respetada o seguida por el mismo tribunal o por otros tribunales si la cuestión debatida es litigada de nuevo; que ciertos procedimientos se seguirán en el caso de una apelación, etcétera. Cuando vamos más allá del significado meramente privado de una decisión efectiva, nos vemos envueltos en un nuevo conjunto de predicciones que tratan de anticipar en qué medida otros casos, similares en ciertos aspectos, han de recibir, probablemente, el mismo tratamiento por parte del mismo tribunal o de otros tribunales dentro de una jurisdicción dada. Salvo en el contexto de tales predicciones, el, anuncio de una decisión judicial es sólo un ruido. Si no se pudieren hacer predicciones razonables de este

---

[82] Compárese la ortodoxa persecución de una fórmula que determine la «real» *ratio decidendi* de un caso en GOODHART, «Determining the ratio decidendi of a case», *Yale L. J.*, t. 40, pág. 161 (1930), con la sensata descripción que LLEWELLYN hace de la manera en que los casos abonan proposiciones de alcance amplio o restringido. *The bramble bush* (1930), páginas 47, 61-66. Cf. también OLIPHANT, «A return to stare decisis», *Am. L. School Rev.*, t. 6, págs. 215, 217- 218; F. S. COHEN, *Ethical systems and legal ideals* (1933), págs. 33-37.

tipo, como parece decir a veces Jerome Frank[83], entonces todas las decisiones jurídicas serían simples ruidos y no serían mejor material para la ciencia que las frases mágicas de la teoría jurídica trascendental.

Si para comprender cualquier decisión debemos entrar necesariamente en el terreno de la profecía (y, por lo tanto, en el de la historia), entonces es falsa la concepción del derecho como algo que existe completa y sistemáticamente en un momento dado del tiempo[84]. El derecho es un proceso social, un complejo de actividades humanas, y una ciencia jurídica adecuada tiene que ocuparse de la actividad humana, de causas y efectos, del pasado y del futuro. La ciencia jurídica, tal como tradicionalmente se la concibe, trata de darnos una foto instantánea de un sistema existente y completo de derechos y deberes. Dentro de ese sistema no hay procesos temporales, no hay causa ni efecto, no hay pasado ni futuro. Una decisión jurídica es concebida como una decisión lógica a partir de principios fijos. Su significado es expresado únicamente en términos de sus consecuencias lógicas. Un sistema jurídico, así visto, resulta tan extraño a la actividad temporal como un sistema de geometría pura. De hecho, la teoría jurídica es una parte de las matemáticas puras, como el álgebra, a menos que esté concebida como un estudio de conducta humana, conducta humana en tanto que es moldeada por las decisiones) judiciales y en tanto que molde de éstas. Los sistemas, principios, reglas, instituciones, conceptos y decisiones jurídicos, sólo pueden ser entendidos como funciones del comportamiento humano[85].

Tal modo de ver a la ciencia jurídica revela lagunas en nuestro conocimiento del derecho, las cuales, pienso, recibirán cada día mayor atención de parte de los investigadores.

---

83 Véase Frank, *Law and the modern mind* (1930), págs. 7, 53, 104-111, 132-134.

84 En esto el derecho no difiere de otras instituciones sociales o de los objetos físicos. Cf. C. I. Lewis, *op. cit supra*, en la nota 48 (cap. 5).

85 «Decir que existe una institución jurídica —la propiedad privada» el gobierno federal de los Estados Unidos, la Universidad de Columbia— es decir que un grupo de personas está haciendo algo, está actuando de cierta manera. Es señalar un aspecto particular de la conducta humana... Pero una institución jurídica es algo más que el modo como actúan los hombres en una ocasión aislada.,. Una institución jurídica es la ocurrencia repetida del mismo tipo de conducta». U. Moore, *loc. cit. supra*, en la nota 32.

Cuando se trata de formular las fuerzas sociales que conforman el curso de las decisiones de los jueces, nos movemos todavía entre conjeturas e informaciones recogidas al azar. Sabemos, de un modo general, que las fuerzas económicas dominantes desempeñan un papel en la decisión judicial, que los jueces reflejan por lo común las actitudes de su clase social en cuestiones sociales, que sus puntos de vista sobre el derecho están dictados, en cierta medida, por su experiencia jurídica pasada como abogados de intereses especiales, y que el impacto de la habilidad y elocuencia de los abogados es una fuerza acumulativa que lentamente martilla el derecho hasta conformarlo a los deseos de quienes se encuentran en mejores condiciones para contratar los servicios de la habilidad y de la elocuencia jurídicas; pero nadie ha tabulado jamás, sobre bases científicas, la medida de tales influencias económicas[86]. Sabemos, también, que los jueces son artífices, animados de ideales estéticos[87], preocupados por los juicios estéticos que el foro y las facultades de derecho emitirán sobre sus acciones y teorías, toscas o hábiles, armoniosas o incongruentes, anómalas o satisfactorias; pero también aquí carecemos de información específica respecto de la extensión de esta inclinación estética en las diversas ramas del derecho.

Sabemos que los tribunales son, por lo menos en los Estados Unidos, una fuerza social generalmente conservadora, más bien un freno que un motor en el mecanismo social, pero no poseemos una comparación fáctica científica de los órganos de gobierno judiciales, legislativos y ejecutivos, desde el punto de vista de la ingeniería social. Concreta y específicamente, sabemos que el juez Fulano, ex abogado de un *"non unión skop»*, tiene ideas muy definidas acerca de las *«injunction»*

---

[86] Algunos primeros pasos promisorios en tal dirección han sido dados en: Brooks Adams, *op. cit. supra* en nota 32: Gustavus Myers, *History or the Supreme Court* (1912); Boudin, *op. cit., supra,* en nota 27 (1932); Walter Nelles, «Commonwealth vs. Hunt». *Columbia Law Review,* t. 32, pág. 1128 (1932): Nelles. «The first American labor case». *Yale L. J.,* t, 41, página 165 (1931); Max Lerner, «The Supreme Court and American capitalism», *Yale L. J.,* t. 42, pág. 668 (1933); W. Hamilton «Judicial tolerance of farmer's cooperatives», *Yale L.J., t.* 38 pág. 936 (1929); artículos de Haines, Brown y Cushman citados *supra* nota 38.

[87] Cf. F, S. Cohen, *Ethical systems and legal* ideals (1933) págs., 56-61; «Modern ethics and the Law», *Brooklyn L. Review,* t. 4, págs. 33, 48 50 (1934).

en el campo laboral; que otro juez, que ha tenido una infortunada vida sexual, procede con parsimonia en la fijación de alimentos; que otro juez puede ser «tocado» por cierto «caudillo» político; que una serie de secuestros notorios provocará una ola de aplicación de la pena máxima en casos de secuestro. Todo este conocimiento es útil para el abogado práctico, para el funcionario público, para el reformador social, y para el desinteresado estudiante de la sociedad. Pero es muy magro, y lo poco de él que individualmente poseemos no es colectivamente accesible. No existe al presente publicación alguna que haga conocer los antecedentes políticos, económicos y profesionales y actividades de nuestros diversos jueces. Tal libro de referencias sería enormemente valioso, no sólo para el abogado práctico que quiere formular un pedido o litigar un caso ante un tribunal capaz de acoger su pretensión, sino también para el desinteresado estudiante de *la* sociedad. *Tal* Index Judicial, empero, no se publica porque sería considerado impropio[88]. Según la teoría clásica estas cosas nada tienen que ver con la forma como los tribunales deciden los casos. Un crítico ocurrente del enfoque funcional considera que es una *reductio ad absurdum* de este enfoque decir que las facultades de derecho del futuro pueden investigar psicología judicial, enseñar el arte del soborno, y producir *detectives* graduados[89]. Esto está lejos de ser una *reductio ad absurdum.* Nuestra comprensión del derecho se enriquecerá en gran medida el día que sepamos más acerca de cómo piensan los jueces, acerca de la exacta medida de la corrupción judicial, y acerca de las técnicas para investigar hachos jurídicamente relevantes. Claro está que este conocimiento puede ser utilizado para fines bastardos, pero ¿no podemos, acaso decir lo mismo del conocimiento que imparte la educación jurídica tradicional?

Si hoy sabemos poco de las fuerzas motivadoras que conforman las decisiones judiciales, menos aún sabemos de las consecuencias humanas de estas decisiones. Ni siquiera sabemos en qué medida los

---

88 En *Law and the modem mind,* pág, 112-115, Frank da cuenta de que se ha abandonado un estudio estadístico de los fallos de varios magistrados de Nueva York que revelaba llamativas diferencias en la apreciación de ciertos delitos.

89 Kantorowicz, «Some rationalism about realism», *Yale L.J.,* t. 43, pág. 1240 (1940).

fallos de los tribunales de alzada, a los que aluden, en forma casi exclusiva, los tratados de derecho, son efectivamente seguidos por los tribunales inferiores *(triol courts)*[90].

Aquí, también, es probable que el práctico experimentado haya acumulado una buena cantidad de información empírica, pero el joven egresado que acaba de recibirse en una facultad de primer rango ni siquiera conoce la existencia de tal problema. Del mismo modo, el problema de la aplicación efectiva de las sentencias casi no ha recibido estudio crítico. La discusión sobre el grado de aplicación efectiva de las diversas leyes, tiene lugar, por lo común, en la atmósfera rarefacta de la teoría polémica. Por lo común es prácticamente imposible averiguar si una determinada ley ha sido aplicada alguna vez, a menos que su aplicación haya suscitado alguna dificultad jurídica a los tribunales de alzada.

Cuando abandonamos el ámbito de la conducta oficial y tratamos de descubrir las consecuencias sociales de leyes o decisiones particulares, hallamos algunos pocos programas de investigación promisorios[91], pero casi no encontramos estudios fácticos[92]. Hoy en día la inclusión

---

[90] El «Institute of Law» de JOHN HOPKINS rompió el hielo en el moderno estudio de las decisiones de *trial courts*. Véase *Studies of civil justice in New York* (1931). Véase también MARSHALL, *Study of judicial system of Maryland* (1932); C. E. CLARK, «Fact research in law administration», *Conn. Bar* t. 2, pág. 211 (1928); B. L. SHIENTAG y F., COHEN, «Summary Judgments in the Supreme Court of New York,» *Columbia Law Review*, t. 32, pág. 825 (1932); y trabajos allí citados, en las notas 6 y 7; SAXE, «Summary judgment in New York — A statistical study», *Cornell L. Q.*, t. 19, pág. 237 (1934): B. L. SHIENTAG, «Summary Judgment», *Fordham L. Rev.*, t. 4, pág. 186 (1935).

[91] Véase, por ejemplo, POUND, «The scope and purpose of sociological jurisprudence», *Harvard Lan Review*, t. 24, pág. 591, y t. 25, págs. 140, 489 (1911 - 1912); F. K. BEUTEL, «Some implications of experimental jurisprudence», *Harvard Law Review*, t. 48, página 169, 191-194 (1934).

[92] Son excepciones notables: MCCRAKEN, *Strike injunctions in the new south* (1931); BRISSENDEN y SWAYZEE, «The use of the labor injunction in the New York needle trades», *Pol. Sci. Q.*, t. 44, pág. 548 (1930), t. 45, pág. 87. Además de estos estudios directos de los efectos de las reglas o decisiones jurídicas, existe una literatura creciente sobre los materiales sociales de los que se ocupa el derecho. Ejemplos de tales obras son: POUND y FRANKFURTER 'Criminal Justice in Cleveland» (1922); R. R. POWELL y LOOKER «*Decedent's estates: Illumination from probate and tax records*", *Columbia Law Review*, t. 30, pág. 919 (1930); SMITH, LILLY y DOWLING, «Compensation for automobile accidents: A SYMPOSIUM», *Columbia Law Review*, t. 32, pág. 785; S. y E. T. Glueck, «Predictability in the administration of criminal justice», *Harvard Late Review*, t. 42, pág. 297 (1929).

de anotaciones de hecho en un código, destinadas a mostrar la extensión y efectos de la aplicación del derecho, resultaría para la mayor parte de los juristas una cosa casi obscena. Pero las ideas sobre la obscenidad cambian, y cada revolución intelectual significativa hace resaltar hechos que antes eran oscuros e impropios. Es razonable esperar que algún día incluso las impudicias de Holmes y de Llewellyn habrán de parecer sabias y respetables.

4. La crítica jurídica

Quizá el principal servicio del enfoque funcional consiste en que al liberar a las reglas, conceptos e instituciones jurídicos del sabor compulsivo a lógica jurídica o a metafísica, abre camino para una consciente crítica ética del derecho. En la teoría jurídica tradicional, la crítica, cuando existe, aparece encubierta por el *camouflage* protector del sinsentido trascendental: «El derecho *tiene que* (o no *puede)* ser así, y ello porque lo exige la *naturaleza* del contrato, de la persona jurídica o de los *"contingent remainders*».» El enfoque funcional permite que la ética salga de su escondite. Cuando reconozcamos que las reglas jurídicas son simplemente fórmulas que describen las uniformidades de las decisiones judiciales, que los conceptos jurídicos son igualmente pautas o funciones de las decisiones judiciales, que tas decisiones mismas no son productos de partenogénesis lógica nacidos de principios jurídicos preexistentes, sino que son acontecimientos sociales con causas y consecuencias sociales, entonces estaremos en condiciones de llevar a cabo la seria tarea de apreciar el derecho y las instituciones jurídicas en términos de algún *standard* de valores humanos.

La importancia que para la crítica jurídica tiene la descripción clara y objetiva de la conducta judicial, de sus causas y consecuencias, está siendo generalmente reconocida. Lo que no es tan fácilmente reconocido es la importancia que la crítica jurídica tiene para la ciencia jurídica objetiva.

Desde las brillantes conquistas de Bentham, la ciencia jurídica descriptiva casi no ha experimentado progreso alguno en la determinación de las consecuencias de las normas jurídicas[93]. Este fracaso, a

---

[93] El profesor KANTOROWICZ recomienda el siguiente ejercicio espiritual. Que el ahogado o estudiante de derecho no convertido lean un código de normas

la luz del estimulante progreso de la moderna investigación de los antecedentes y contexto social de la decisión judicial, requiere explicación.

Es posible que esta laguna se explique en términos del heredado prejuicio de que las leyes y las sentencias se ejecutan a sí mismas, que las consecuencias de una ley o de un fallo están, por lo tanto indicadas con claridad en el lenguaje de la decisión o de la ley mismas, y que la investigación fáctica es, por ello, un trabajo innecesario. Es posible que este fracaso en la investigación se explique en términos del predominio que en la educación jurídica tiene el abogado particular. A éste le interesan las *causas* de las decisiones judiciales, pero su interés en las consecuencias cesa, probablemente, cuando percibe sus honorarios. Estoy inclinado a pensar, empero, que el fracaso de nuestra ciencia jurídica en esta dirección puede ser atribuido a una dificultad más fundamental. La perspectiva de determinar las consecuencias de una norma jurídica dada, parece ser una tarea infinita, y lo es ,en verdad, a menos que la abordemos con algún criterio de selección que indique qué consecuencias son *importantes.* Ahora bien, un criterio de *importancia* presupone un criterio de valores que es, precisamente, lo que los modernos pensadores de las escuelas «sociológica» y «realista» nunca han tenido. El Dean Pound ha hablado durante muchos años del «balance» de intereses, pero sin indicar jamás qué intereses son más importantes que otros, o como puede ser construido un *standard* de peso o de excelencia para apreciar los «intereses»[94]. Los «realistas» contemporáneos, en general, o bien han negado en forma absoluta que puedan existir *standards* absolutos para medir la importanci[95], o

---

jurídicas de la siguiente manera: «Preguntarse respecto de cada enunciado..., qué consecuencias nocivas experimentaría la vida social si en lugar de este enunciado se adoptara el contrario. Examinar luego todos los tratados, comentarios, monografías y repertorios de decisiones y *ver* cuantas preguntas de ese tipo reciben respuesta y cuántas de ellas son siquiera formuladas...», *Rechtwissenschaft und Soziologie* (1911), pág. 8, citado por POUND, *supra* nota 91, *Harvard Law Review,* tomo 25, págs.. 489,513.

94 Cf. W. L. GROSSMAN, «The legal philosophy of Roscoe Pound», *Ill Law Rev.,* t. 18, págs. 285, 294-304 (1924).

95 Véase U. MOORE, «Rational basis of legal institutions», *Columbia Law Rev.,* t. 23, págs. 609, 612 (1923); W, NELLES, Book Review, *Columbia Law Review.* t. 33, págs. 763, 765-768 (1933).

bien han insistido en que antes de empezar a valorar los hechos tenemos que comprenderlos a fondo tal como son. Tal aplazamiento del problema equivale a su rechazo. Nunca comprenderemos los hechos a fondo tal como son, y no es probable adelantar mucho en el camino de esa comprensión si, al mismo tiempo, no hacemos jugar alguna teoría crítica de los valores. En términos de tal teoría, los deseos y hábitos humanos particulares son importantes, y la tarea de investigar las consecuencias jurídicas deja de responder a una vaga curiosidad para constituirse en este problema: ¿De qué modo pueden estas normas jurídicas fortalecer o cambiar estos importantes hábitos y satisfacer o frustrar estos importantes deseos?

La tarea de la ciencia jurídica descriptiva no puede, en consecuencia, separarse por completo de la crítica jurídica. La colección de hechos sociales sin un criterio selectivo de valores humanos produce una horrible monotonía de estadísticas inútiles[96]. La relación entre la ciencia jurídica positiva y la crítica jurídica no es una relación de prioridad temporal, sino de dependencia mutua[97]. La crítica jurídica resulta vacía sin la descripción objetiva de las causas y consecuencias de las decisiones jurídicas. La descripción jurídica es ciega sin la luz orientadora de una teoría de los valores. A través de la unión de la ciencia jurídica objetiva y de una teoría crítica de los valores sociales, nuestra comprensión del significado humano del derecho habrá de enriquecerse. La lealtad a esta unión de disciplinas distintas señalará lo que hay de importancia perdurable en la ciencia del derecho y en la filosofía jurídica contemporánea.

---

[96] Véase POUND, «The Call for a realist jurisprudence», *Harvard Law Review*, t. 44, págs. 697-701 (1931).

[97] He intentado investigar estas relaciones con algún detalle en *Ethical systems and legal ideals* (1933) y, también, más brevemente y con palabras de una o dos sílabas, en «Modern Ethics and the law», *Brooklyn L. Rev.*, t. 4, pág. 33 (1934).

EL MÉTODO FUNCIONAL EN EL DERECHO,
de FELIX S. COHEN, se publicó
en la República Argentina en marzo de 2018.

www.ingramcontent.com/pod-product-compliance
Lightning Source LLC
LaVergne TN
LVHW082241051026
849532LV00012B/4074
* 9 7 8 9 5 6 3 9 2 0 5 9 8 *